国家出版基金项目

NATIONAL PUBLICATION FOUNDATION

● 国家出版基金项目

● 『泰山学者』建设工程专项经费资助项目

● 深圳市文化创意产业发展专项资金资助项目

中国手艺传承人丛书

青海藏族唐卡·娘本

潘鲁生 主编

胡雪涛◎著

海天出版社（中国·深圳）

图书在版编目（CIP）数据

青海藏族唐卡：娘本 / 潘鲁生主编；胡雪涛著. —
深圳：海天出版社, 2017.6
（中国手艺传承人丛书）
ISBN 978-7-5507-1253-9

Ⅰ. ①青… Ⅱ. ①潘… ②胡… Ⅲ. ①娘本－生平
事迹 Ⅳ. ①K825.72

中国版本图书馆CIP数据核字（2014）第295822号

青海藏族唐卡·娘本

QINGHAI ZANGZU TANGKA NIANGBEN

出 品 人　聂雄前
项目负责人　于志斌
责任编辑　杨月进　张绪华
责任校对　张　玫　熊　星
责任技编　梁立新
封面设计　惠　岩
装帧设计　惠　岩　张海云
排版制作　Smart 深圳斯迈德设计 0755-83144228

出版发行　海天出版社
地　　址　深圳市彩田南路海天综合大厦（518033）
网　　址　www.htph.com.cn
订购电话　0755-83460397（批发）　0755-83460239（邮购）
排版制作　深圳市斯迈德设计企划有限公司（0755-83144228）
印　　刷　深圳市华信图文印务有限公司
开　　本　889mm×1194mm　1/16
印　　张　14.5
字　　数　257千
版　　次　2017年6月第1版
印　　次　2017年6月第1次
定　　价　298.00元

中國手藝傳承

高運甲

主编简介

潘鲁生，1962年生。艺术学博士、国家二级教授、博士生导师。现任全国政协委员、中国文学艺术界联合会副主席、中国民间文艺家协会主席、山东省文学艺术界联合会主席、山东工艺美术学院院长。系中央直接掌握联系的高级专家、中国文化名家暨全国宣传文化系统“四个一批”人才、享受国务院政府特殊津贴专家、“泰山学者”特聘教授、中国美术家协会工艺美术艺委会主任、教育部高等学校设计类专业教学指导委员会副主任、国家非物质文化遗产保护工作专家委员会委员。

开展民艺研究与保护实践，推进大学民间文艺传承。率先提出“民间文化生态保护”理念，组织实施“民间文化生态保护计划”，出版《民间文化生态调查》，抢救整理民间美术手工技艺120余项。主持国家社科基金艺术学重大招标项目及中宣部、教育部、文化部大型课题，构建中国“民艺学”学科体系，出版《民艺学论纲》等学术专著，参与编纂《中国民间美术全集》，提出发展“农村文化产业”、构建中国“手艺学”等命题，研究成果填补专业领域空白。创办中国民艺博物馆，将数十年来收集的民间美术藏品向社会常年免费开放。创建“中国民艺国际视频网站”，在中国美术馆举办“手艺农村——山东农村文化产业调研成果展”，致力于传承、推广民艺文化。先后荣获中宣部精神文明建设“五个一工程”奖、“国家社会科学基金项目优秀成果”一等奖、首批“全国非物质文化遗产保护先进工作者”“中国文联文艺评论奖”一等奖，获评“上海世博会先进个人”，多次受党中央、国务院表彰。

作者简介

胡雪涛

胡雪涛，男，1982年1月生于济南。2006年毕业于乌克兰国立艺术与建筑学院油画系，获绘画学士学位。2008年毕业于乌克兰国立艺术与建筑学院架上油画工作室，获造型与装饰应用艺术专业架上油画方向硕士学位。现任教于山东工艺美术学院造型艺术学院油画教研室，讲师。山东大学文艺学专业民艺学方向博士研究生在读，师从潘鲁生教授。山东省美术家协会会员，山东省油画学会会员。

中国手艺传承人丛书

国家社科基金艺术学重大项目

“城镇化进程中民族传统工艺美术现状与发展研究”子项目

中国手艺传承人丛书总编委会

前言

手艺传承文化

手艺原本就是我们日常生活的一部分。居家过日子的家什物件儿、女儿出嫁的被褥衣裳、娃娃出生起即陪伴身边的虎头鞋帽、走亲访友的面花儿点心小食、祭祀丧俗的纸扎纸马，还有年节里的年画、剪纸、红灯笼……可以说，每个家庭都离不开手艺。生活里许许多多重要时刻都有手工艺品的装点陪伴，朴素、温暖，充满情谊，包含着做事的礼仪和做人的道理。随着工业化和商品化的快速发展，传统手艺似乎一夜间淡出了我们的生活，街头巷尾的工匠、艺人早已踪迹难觅，传统的女红绣品变成了记忆，一些宝贵的民间技艺濒临失传，人们的家庭日用品更多地依赖商场、超市中流水线生产的现成商品，传统手艺已从热热闹闹的生活中心悄悄走向了当代生活的边缘。

今天的人们需要反省自问：是把祖辈的造物智慧、生活品质传承下去，留给子孙一个具有传统文脉、感情温度、人生道理并充满艺术之美的生活世界，还是只余下贫瘠枯燥的数字、徽标和符号？是给在古丝绸之路即享誉世界的“中国制造”重新植入文化的芯片，注入文化创造力的灵魂，复兴中华的造物文明，还是消耗资源环境、代工生产？其实，答案不言而喻。传统手艺是一条丰富的文化矿脉，我们应从中找回民族文化的自信，把传统造物的文脉和创造力发扬光大。

手艺的传承和发展，要增进全社会对手艺文化价值的认识，通过艺术、设计、教育以及我们的日用与感知，推动手艺融入当代社会；同时，一定要牢牢守住保护与发展的根基和底线，保护好作为手艺传承载体的传承人，避免“人亡艺绝”、传承断代、文化断流的危机和困局。这也是我们编撰“中国手艺传承人丛书”的初衷。

目前，从政策层面看，我国关于手艺传承人的制度性保护与扶持在不断健全。自20世纪50年代起，在国家“保护、发展、提高”的方针下，传统手艺人的社会地位和生活水平不断得到提高。1979年，轻工业部第一次授予部分传统手艺传承人“中国工艺美术大师”的称号，对手艺人的独特艺术成就和重大贡献给予肯定。到1997年，国务院出台《传统工艺美术保护条例》，以行政法规形式关心和支持工艺美术大师的创作。2011年，国家颁布了《中华人民共和国非物质文化遗产法》，对包括手艺传承人在内的非物质文化遗产项目传承人在评选、认定、技艺传播、传承、法律责任等方面做出法律界定，据此我国评选出优秀非物质文化遗产项目的国家级、省级、市级代表性传承人，实现了传统非物质文化遗产传承的有效续接，使许多珍贵的、濒临失传的手艺得以留存、恢复和发展。当前，更为关键的是把这些政策落实好，有传承的措施、传承的监管、传承的教育，使那些真正的手艺传承人真正把传统技艺传承好、发展好。

从教育角度看，对手艺传承人的培养经历了一个转折，正走向多元化。一段时间以来，由于从父到子、从子到孙的传统生活方式、生活意识、生活习惯等因素弱化，传统手工艺传承的“师徒制”也逐渐弱化，民间传承机制在很大程度上被消解，直接导致手工艺传承的危机加剧。当前，随着非物质文化遗产保护立法，传承人保护和梯队建设开始受到重视，民间手工艺传承状况有所改善。同时，专业教育的培养也经历了一个转折。20世纪50年代，我们将“工艺美术”确定为艺术学科、专业的标准名称。1956年，中央工艺美术学院成立后，各地相继成立工艺美术院校。自1958年到1964年，成立了北京市工艺美术学校、上海工艺美术学校、苏州工艺美术专科学校、青岛工艺美术学校、河南工艺美术学校、福建工艺美术学校、河北工艺美术学校，而山东工艺美术学院的前身为“济南市工艺美术技工学校”（1973年成立），这些院校主要为工艺美术行业的发展输送人才。但自20世纪80年代以来，国内相关领域展开了声势浩大的“兴设计”“废装饰”的论争，并在1990年前后进一步波及教育领域，导致1998年《普通高等学校本科专业目录》中“工艺美术”被二级学科“设计艺术”取代，早期成立的工艺美术院校大多转型发展。到2011年，“工艺美术”专业得以恢复。目前，全国有29所高校设立“工艺美术”专业。从整体上看，行业传承、公众传习、学校教育的多元化格局正逐渐形成并不断健全。

从技术手段看，手艺传承人保护工作从无形走向有形，形成了多样化的保护档案记录形式。我国自21世纪初全面推进非物质文化遗产保护行动，许多专家、学者及各省、自治区、直辖市文化主管机构借力现代传媒优势，利用文字、录音、影像等技术手段，通过现场记录、传承人口述、历史文献梳理等方式，加强对非物质文化遗产项目代表性传承人的抢救性保护，出版了大量著述，留存了丰富的文献信息。我们编撰的这套“中国手艺传承人丛书”也是国家社会科学基金项目“中国当代民间工艺美术研究”的子课题，开展了田野调研、档案记录和理论研究，并得到了深圳市文化创意产业发展专项资金、山东省艺术学“泰山学者”建设工程专项经费的支持，我们作为研究者感到十分欣慰。

应该说，手艺传承人的保护与发展任重道远，充满机遇和挑战。构建以手艺文化为基础、以技艺为核心、以传承人为主导的活态传承发展系统，是推动传统手艺当代传承与创新的关键。具体来看，以手艺文化为基础，要使传承人参与到传统节日、民俗文化、工艺传统的社会交流中来，并团结相关民间团体和研究机构展开宣传推广、传授知识技能、组织文化活动，推动建立社会公众对传统手工艺的文化自觉，促进多元参与和群体传承，而非让深厚的传统技艺沦为旅游经济下的简单表演，让手艺传承人变为浅尝辄止于普通技艺表演的“机器”。以技艺为核心，要从工艺发展的角度发掘不同代表性的手艺人的价值，鼓励其对手艺进行有效保护，警惕技艺“衰退”，更不能使“非物质文化”失去文化而只留物质的空壳，丢弃了技艺传承的核心。以传承人为主导，既要以传承人为核心原汁原味地传承传播，也要鼓励传承人参与相关领域行业与质量标准的建立、文化咨询建议等，发挥创意、实践、管理服务等多元作用。总之，5000年不断的手艺文脉具有内在的丰富性，传承人是其灵魂与核心，在文化转型的持续进程中，我们要保护好民族文化的活态因子，使手艺传承人发挥持续的创造力。这也是我们策划出版这套“中国手艺传承人丛书”的立意所在。

“中国手艺传承人丛书”隶属“手艺中国书系”。在2012年丛书策划之初，我们即深感手艺传承人及其技艺抢救与记录工作的紧迫性。当年，团队成员准备采访山东鄄城砖塑技艺国家级代表性传承人谢学运时，得知艺人刚刚离世的消息，不禁扼腕叹息。我在30多年前曾到他家进行调研，由于条件所限，当时只对他的手艺作品进行了采集，没有对他的技艺过程进行全面梳理，而今成为遗憾。其实，谢学运获评国家级代表性传承人已有数年，但在过去的数年时间里，是否有人对谢学运的独特技艺做过专门而翔实的记录和研究？在时间面前，我们的回答显得苍白无力。另外，在调研采访过程中，我们也发现不少艺人因年老体衰、精力不济、财力有限等因素，在手工技艺传承、创新及发展上有心无力，只能勉强维持现状。有的传承人虽然富裕起来了，但由于过度产业化、商业化，一些传承人变成了老板，已无心传承。因此，本丛书着力以手艺传承人为线，注重对“艺人”的个体记录，通过对手艺传承人技艺绝活的全面梳理与深入剖析，系统阐述人、技艺、材料、工具等手艺核心要素之间的活态关系，突显手艺传承人的独特价值，总结手艺创作基本规律与经验，呈现传统手艺发生、发展、传承的过程，发掘传统手艺的意匠巧工之美。

此丛书团队成员以山东工艺美术学院中青年专业教师为主体，整合了全国有关高校的教师及博士研究生、博士后参与，他们长期与我们团队一起从事手艺人保护调研工作，拥有丰富的手艺田野调研经验，编撰队伍年轻而富有朝气。

丛书在手艺传承人选择方面，主要选取在手艺保护、衣钵传承、工艺传承等方面具有代表性的艺人，涉及织绣、雕刻、捏塑、金工锻造、编织、家具木作、版刻图绘、装潢彩扎、髹漆 9 个手艺门类，调研范围包括北京、山西、内蒙古、上海、江苏、浙江、山东、河南、湖南、广东、广西、青海、新疆等省、自治区、直辖市。受时间及精力所限，本丛书仅从其中撷取 20 位优秀手艺传承人做深入调查、记录与研究，虽然在调研对象选择及调研涉猎广度上存在不足，手艺传承人的调研体系也有待完善，但希望为开展手艺及手艺人保护与相关研究提供一些参照，为传承活态传统工艺、延续手艺文脉、呈现手艺之美尽绵薄之力。敬请国内同行专家提出宝贵建议，共同为构筑“手艺中国”添砖加瓦。

潘鲁生

甲午芒种于历山作坊

目 录

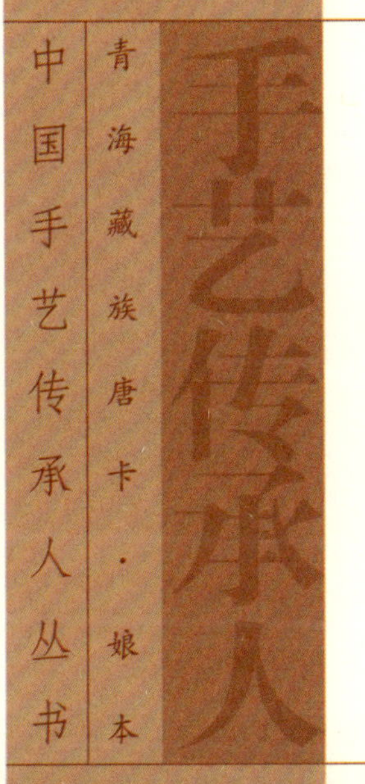

第一章

热贡唐卡生态

第一节 环境孕育

独特的自然与人文环境，造就了热贡地区特有的文化生态景观，孕育了独具文化特色和艺术特色的民族民间美术形式——热贡唐卡（图 1-1）。热贡唐卡是热贡艺术中的重要类别，也是我国唐卡艺术的重要组成部分。“热贡艺术”通常指在热贡地区制作的藏传佛教中所使用的唐卡、壁画、堆绣和雕塑等宗教艺术品。这里出产的宗教艺术品历史悠久、技艺精湛、独具一格，一直深受藏传佛教地区人民的欢迎（图 1-2）。热贡艺术最早产于曲麻、夏卜浪等村，后逐渐流传至吾屯、年都乎、郭麻日、尕沙日等乡村。因为从业人数最多、人口最密集的地区为吾屯村，所以从前曾

图 1-1 热贡唐卡

图 1-2 热贡艺术

称热贡艺术为“吾屯艺术”，20 世纪 80 年代被定名为“热贡藏传佛教艺术”。今天所说的热贡艺术，就是指在同仁县城、隆务河流域的农牧区域产生的民族民间艺术。

热贡地区自然风景瑰丽，历史悠久，族源构成复杂，这里的民间艺术孕育在本土环境的基础上，融合了多个民族的文化元素。

“热贡”一词来源于藏语的音译，是与地域相关的用词，指青海省黄南藏族自治州隆务河畔一带，今同仁县、泽库县的一部分区域（图 1-3）。从地理位置上看，这里位于青海省东南部，北靠西宁，南邻河南蒙古族自治县，东邻甘南藏族自治州，西接海南藏族自治州，正位于青海省东部农业区和南部牧业区的交接地。隆务河贯穿此地，流经九曲十八弯，在尖扎县昂拉乡汇入黄河，紧靠河流、土地肥沃、降水充足，宜种植小麦等农作物，田地四周又被连绵的山峦环绕，形成了宜农宜牧的自然环境区。站在热贡的土地上，隆务河水潺潺流过，四周被一眼望不到边际的山峦环绕着，很容易让人产生关于自然的联想。依山傍水而居的热贡人，将大自然想象成家乡的守护者，山和水在民间信仰中都化成神灵，世世代代保佑着他们（图 1-4）。自然崇拜

图 1-3　同仁县城

图 1-4　热贡的自然环境

和多神信仰是热贡民间文化的一大特色，众多民间的山水神，在藏传佛教传入后也被吸纳于其神谱之中，并在热贡艺术中多有展现。在隆务寺度母殿里供奉的间唐阿尼夏琼，就是坐落在隆化境内的夏琼神山的化身，他也是热贡艺术中经常出现的主题（图 1-5）。当地的民间传说中不仅有关于他的经历的完整叙述，还被形象地与这座山的自然形貌结合在一起，在许多民俗节日中也保留了祭祀他的活动，一起组成了这里丰富的民间文化。

图 1-5　隆务寺内供奉的间唐阿尼夏琼

独特的自然环境，孕育了独特的民间文化；特殊的地理位置，造就了热贡独具特色的人文景观。历史上这里地处边境，是中原与西域各民族的战争拉锯区、缓冲区，向来是战争多发之地，同时这里也是青藏高原和黄土高原与西域的交会地，是东西方文化、政治、经济往来的交通要道。因此这里的文化艺术在立足本土的基础上，混杂了较多的藏族、汉族、土族、蒙古族、回族等民族的不同元素，这种多民族成分混杂融合的现象，无论在生活习俗还是文化形成上都有较为明显的体现，使这里的民间艺术展现出丰富多彩的艺术特色。当地人经常是将汉语和藏语混合在一起说，他们认为藏语是“父亲词”，汉语是“母亲词”，这使得他们既能说藏语又能讲汉语。民间艺人间也流行着“画像学西藏，画景学汉地”的说法。公元 1301 年隆务寺在此建立，

图 1-6　俯瞰隆务寺

确立了藏传佛教在热贡地区政治、宗教、文化中的主体地位（《无名的造神者》，第76页），逐渐形成了以藏传佛教文化为主、融合其他各民族文化的特殊文化现象。在如今的同仁县的隆务老街上，依然可以看到佛教、伊斯兰教、道教等多种宗教汇聚于此，隆务寺、圆通寺、清真寺、二郎神庙等几种寺庙同处一街，呈现藏族、土族、回族、汉族等不同民族、不同信仰并生共存的奇特风貌（图1-6～图1-10）。

热贡位于藏族区域划分中的安多藏族聚居区，是藏传佛教的“下路弘法”地，延续了藏族的文化传统与宗教信仰，艺僧在寺院制作各种佛教用品，被视作修行、做功德的方式。关于热贡唐卡的起源，目前学界说法不一，但唐卡作为一种在宗教文化下形成的宗教用品，与历史中藏传佛教文化在当地的兴盛和发展不无关系。隆务寺在初

图1-7　隆务老街

图 1-8　圆通寺

图 1-9　清真寺

图 1-10　二郎神庙

建时属于萨迦派寺院，明洪武三年（1370）重建后改宗格鲁派，遂成为甘青地区藏传佛教格鲁派三大寺院之一。明清时期，由于统治阶级上层的极力倡导，格鲁派在热贡兴盛，影响了藏传佛教艺术在当地的形成和成熟。全民参与的建寺运动兴起，许多来自尼泊尔、印度等国和卫藏地区以及汉地的工艺匠师来到热贡，大家各出己力，相互切磋，促使了多种风格的交汇和多民族文化的交融，与当地的民间文化一起构造了藏传佛教艺术中的热贡风格。作为隆务寺下属的两座村寺吾屯上寺和吾屯下寺，现被视为热贡艺术的发源地。寺庙延续了藏传佛教的艺僧传统，僧人们以制作各种藏传佛教的宗教艺术品来修习佛法，自成体系，辐射相邻的村落及周边的部分区域，形成了热贡地区极为庞大密集的习艺、从艺群体，被赞誉为“热贡艺术学院”。唐卡则是当地从艺人数最多、最具特色的艺术形式之一（图 1-11 ~ 图 1-13）。

图 1-11　吾屯上寺

图 1-12　吾屯下寺

图 1-13　寺院里的僧人

| 第二节 | 时代变迁

纵览热贡唐卡的发展历史，可谓历经波折，起起落落。随着时代的变迁，绘制唐卡的手艺逐渐从寺院流入民间，并改变了以往单一的艺僧习承模式，扩大了从业和传承的范围，形成了非常集中的热贡民间唐卡艺人群体。

15 世纪至 19 世纪，热贡唐卡度过了产生和发展阶段，至 19 世纪，清政府推崇藏传佛教，热贡唐卡确立了以“勉唐画派”为标准并融合民间审美的造像要求。进入 20 世纪以后，遭遇了 1927 年“尕司令”马仲英对吾屯的大规模屠杀和 1958 年的宗教改革，热贡唐卡从此一蹶不振，一直衰弱，直到 20 世纪 80 年代初期才开始出现转机。1981 年，青海省成立了“吾屯艺术协会”，召集了 12 位手艺好的老艺人绘制唐卡，先后在北京、上海、深圳等城市巡展，引起了外界的关注，也激起了吾屯本土民间拜师学艺的热潮。掌握手艺的这一批老艺人，大都为“文革”期间散落到民间的还俗艺僧，他们继承了寺院里绘制唐卡的技艺和各类绘画材料工具的制作，同时也将完整的绘制仪轨、使用习俗保留了下来，以家族为单位传承着。在这种环境下，唐卡的从艺人群和接受人群都在不断地扩大。藏族聚居区以外的人见到唐卡后，都被其精美的画面、精湛的技艺所吸引，唐卡不再是以往单纯的宗教用品，还成为许多欣赏者、收藏者所喜爱的艺术品。它的接受范围扩大了，也吸引了四面八方的艺术爱好者前来求学，热贡唐卡的传播范围变得更为广泛。

随着接受范围和传播范围的扩大，唐卡也在发生着变化，产生了许多新的现象。在藏传佛教的传统观念中将唐卡视为圣物，不允许艺人将自己的名字签上，收藏市场出现后，收藏者希望作者签名以体现作品出自哪位画师之手，在这种需求下，艺人不再匿名从业，更希望突出自己的身份，唐卡的艺术性和风格就朝着主动、多元的方向发展了。夏吾才让是吾屯著名的唐卡艺人，是当代“热贡唐卡四大天王”之一，也是 20 世纪 80 年代“吾屯艺术协会”成立时期被推举出的第一任会长。在他 20 世纪 90 年代以后的作品上出现了签名和日期，艺术形式上也出现了相对个性化的追求，形成了突出线条的风格特点。现在的热贡唐卡，无论在题材内容上还是在艺术形式上较以往都有了很大的变化。许多新的艺术形式被传统的手艺所吸收，不同地区、不同知识背景的人过来学艺，给当今的热贡唐卡输入了新鲜血液，丰富了热贡唐卡的样貌（图 1-14）。

在这种新的时代环境下，传统手艺开始被重视，艺人们的地位得到了提高，更吸引了投资者的目光。20 世纪 90 年代初期，吾屯初步形成了旅游市场，许多商人看到唐卡市场的发展前景，纷纷前来投资，形成了唐卡的规模化制作生产。一些投资者和唐卡艺人为了迎合市场的需要，简化工序，降低质量，生产了大量廉价的旅游纪念品式的唐卡来满足市场。但唐卡具有宗教用品的基本属性，旅游市场不接受大量生产的产品，致使唐卡艺人原来赖以为生的接受环境被搅乱了。精工细制的手工作品被粗制量产的产品挤压，贵重的矿物质颜料被化工颜料所代替，手工技艺一落千丈，热贡唐卡的名声受损。这导致了唐卡市场需求锐减，艺人靠手艺生存的环境也跟着遭到了破

图 1-14　当代的手艺学习

坏。在这种情况下，部分从业的艺人逐渐认识到了传统手艺的价值，再度呼吁全体从业者恢复和保护传统工艺，出现了专门的唐卡鉴定小组和颜料生产厂家。国家相应的保护政策不断出台，对手艺和手艺人双双进行保护，各种专门展览和评比奖励也鼓励着艺人们精益求精。严格对待制作工艺和工艺流程，现在已成为热贡唐卡艺人们的共识，大家都乐意积极参加各类评比，追求作品的艺术价值，也不再会为短期的利益而去降低工艺水准。

当代热贡唐卡，不再单单是以往的宗教用品，已被称作“热贡唐卡艺术”。艺人们在继承发扬传统工艺的同时，也大胆尝试新题材、新形式的唐卡创作。传承和创新成为艺人们追求的目标，各式各样的唐卡新作和新形式的从艺模式激活了传统手艺与当代社会的对接。

第三节 唐卡生态

唐卡之所以能够在吾屯生存生长，虽然几经磨难，但总能延绵发展，是因为当地具有孕育手艺的土壤，适合手艺生存的环境和完整完善的手艺生态。

唐卡作为宗教用品在当地产生，与当地的民族信仰是密不可分的。拿从业最为集中的吾屯来看，每个村中都坐落着村寺，寺依村而建，村民依寺而居，村寺相邻的居住格局和浓厚的宗教氛围，使每家都要选择一位家庭成员入寺念佛，为整个家庭积

图 1-15　村寺一体的居住环境

福。寺院中存留着从事绘制唐卡和寺院壁画的艺僧制度，艺僧将在寺院中掌握到的手艺，通过家庭为单位带入民间，再在各自的家族范围内传承传播，形成了这种寺院连接世俗、以家庭为基础的从艺传艺模式。夏吾才让曾是吾屯上寺的艺僧，两个儿子更登达吉和索南都为著名唐卡艺人，国家级传承人娘本是他的孙女婿，而娘本的大弟子仁青加又是夏吾才让的外孙，这种在家族内部的传播方式，使手艺较为稳定、持久地在村中延续（图 1-15）。

近代热贡唐卡的绘制技艺流入民间后，渐渐形成了民间传承、寺院传承两条脉络。唐卡作为“圣物”的功能，使民间艺人的从艺仍是紧紧地围绕着寺院进行。他们会完全按照宗教仪轨的要求来绘制唐卡，比如作画前要先背诵相关经文，作品完成时也会拿到寺里开光，每当寺院有大的建设活动时，全村的艺人都积极参与，各出己力，无偿地为寺院服务（图 1-16）。依靠信仰形成了村寺一体的关系，整个村子就像

图 1-16　背诵经文的民间唐卡艺人

是一个大家庭。手艺供养了全村的人，各种宗教活动、民俗活动维系了村与寺之间、人与人之间的情感联系。吾屯在每年农历八月起进入农闲时节，村寺里会举行大型的念活经活动，每家与寺院商定好日期，请村寺的全部僧人为自己家祈福，届时还会邀请全村村民聚在村寺的广场上吃饭，每次每家独自承担所有费用。村民们在村寺的广场上为施主一家诵经祈福，这在无形中促进了全村人的和睦共处，使村子在较为稳定的集体化生活方式中袭承传统（图 1-17～图 1-20）。

图 1-17　吾屯的念活经

图 1-18　村民的祈福

图 1-19　村寺广场聚餐

图 1-20　吾屯上庄村民

热贡唐卡的制作工艺复杂，制作周期长，民间艺人会在家庭成员内部按长幼和学艺年限来分工，相互协作地进行集体生产，生产的规模一般不是太大，对采光有要求，通常是在每家的院落里进行。吾屯的民居为藏式单层平顶屋结构，院落布局为“凹”字形，南北朝向，主屋是经堂和客厅，两边是卧室、厨房、仓房等，沿屋内侧的一圈回廊空间宽阔、采光好，是艺人们从事手艺生产的场地，院东侧立着煨桑台，院中央种植着当地特有的金黄色的酸果。民居就像是小型的佛堂，又像是一个独立的手艺作坊。家庭画坊成为从艺的基础单位，手艺在各自的家庭内部传承（图 1-21～图 1-23）。这种以家庭为单位习艺、传艺的模式，也在无形中激发了每家每户间的竞争意识，每家都有自己视为绝活的较为擅长的技法，艺人们围绕着以宗教为依托的、集体集约化的从艺要求，一定程度上发挥着个体的创造力。村子里容纳了一户户家庭作坊，整个村子使手艺的生产形成了规模，村子成为画乡，成为完整的唐卡从业、传承的手艺工场（图 1-24、图 1-25）。

图 1-21　民居的藏式大门

图 1-22　民居院落

图 1-23　民居的“回廊画室”

图 1-24　吾屯村貌

图 1-25　村寺一景

现在的吾屯村，街道两旁唐卡画店林立，以前的家庭手艺作坊，如今已变成了前店后坊式的家庭画店，许多家庭作坊开门纳徒，吸引着四面八方的唐卡爱好者和收藏者（图 1-26、图 1-27）。传统手艺的生存环境发生着变化，新的手艺生态正在形成。以往家族内部男性单传的手艺习承模式渐渐淡化，外地和女性求艺者也加入唐卡艺人的群体中来。新的接受群体和各种评选机制，正激发着传统手艺的新活力，“艺人之家”“传习所”“示范户”等荣誉，也鼓励着艺人们对技艺精益求精的追求。“画院”“艺术馆”和各种展览，为热贡唐卡走出吾屯进入更广阔的天地创造了平台。这一切共同形成了当代热贡唐卡的手艺生态（图 1-28～图 1-31）。

在新的手艺生态里，塑造着传统手艺新的形态。手艺人带着祖祖辈辈继承下来的传统技艺，步入了新的时代环境。新时代的艺人，也将在继续从事靠手艺为生的行当里，面对无数从未发生过的现象，不断地去思考、去探讨手艺的时代意义。

图 1-26　唐卡画店

图 1-27　画店内部

图 1-28　家庭画店

图 1-29 热贡艺人之家

图 1-30 新型的画院

图 1-31　女性唐卡艺人

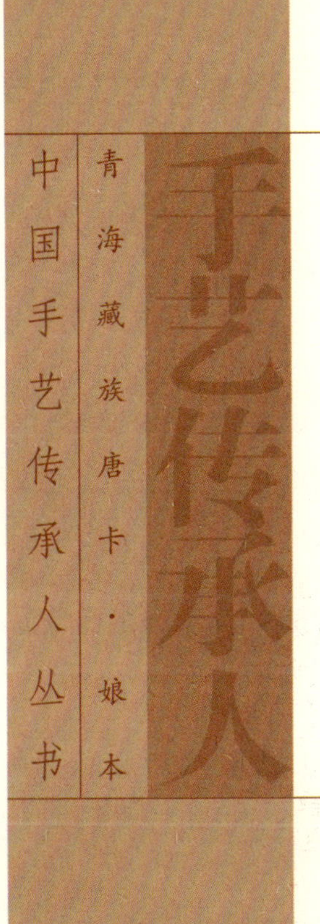

第二章

娘本的手艺生涯

第一节 生在画乡

村落式的手艺工场，承载着民间手工艺生命的延续，村里每一代的手艺人，都要担负起传播手艺和传承技艺的职责（图 2-1）。

娘本出生于 20 世纪 70 年代初期，生在吾屯典型的藏汉结合的家庭里，母亲是吾屯上庄的藏族人，父亲是汉族人，是镇上的干部。当时的吾屯已经形成了近代民间艺人的从业群体，每家都会选择一位男子去拜师学画唐卡。娘本的家是个有着 11 口人的大家庭，家里的经济来源主要靠父亲每个月的工资，父亲的工资不仅要解决一家

图 2-1　娘本一家（娘本提供照片）

老小的吃饭问题，还要负担孩子们上学。娘本是家里男孩中的老大，所以到了一定的年龄也要像村里其他男孩一样去拜师学画唐卡，这样既能解决吃饭的问题，还能通过帮老师干活挣到些钱来贴补家用，减轻家里的负担。刚满12岁的娘本被父母带着去拜同村的夏吾才让为师，希望能够学有一技之长。

在吾屯，师傅选择学生时有很多的传统习俗，要看面相、品行，尤其看重学生的道德方面。当地人常说，唐卡画的是佛像，只有内心干净的人才能画得好。老师认定收下学生后，要选定好日子，选择麦子发芽的日子，学生给老师献过哈达、磕过头后才算是正式进门。娘本的师傅夏吾才让曾是出家的僧人，心地善良，真心想学手艺的他都会收下，对待学生像自己的孩子一样关爱，有些没有天赋、学不好的学生，他也会留下来安排做一些上色、晕染的活，让学生能够靠手艺生存。娘本在拜师后的第一年就得到分红，这极大地增强了他学习手艺的信心，后面每年的分红还会不断提高，这是吾屯当地一直延续的传承手艺的习俗，不仅不收学费，当学徒技艺达到一定的程度时还能有些收入（图2-2～图2-4）。

图 2-2　娘本与师傅夏吾才让，摄于1994年

图 2-3　接受中央电视台采访，摄于1994年

图 2-4　中央电视台采访夏吾才让与其弟子（站一排右四夏吾才让、右五缴一丹，站二排右二娘本、右一仁青加），摄于 1994 年

学艺以后，娘本和其他的几个师兄承担了老师的一切家务。从早上起来准备洗脸水、生火煮茶做饭，到洗衣服、收拾屋子，大大小小的家务都是由学生们来做，老师家里的农活也帮着去做，老师在学生们的心目中永远是最高的位置，就像是自己的父母，什么事都得先想着老师。这种习俗维系着手艺人对手艺的情感，艺人出师以后也会陪在师傅身边，每次出远门回来，都要先去师傅家看望。

学画唐卡的过程艰辛而漫长，每天从早画到晚，至少要画 10 个小时，夏天天长的时候一天往往要画 12 个小时以上。头两年要先学习《度量经》，对佛、菩萨、金刚的各种造型特征、比例要求，包括神佛的生平故事都要熟记于心，还要练习长时间的盘腿坐在画前，经常一坐就是五六个小时不能起身，通过这种方式来磨炼艺人持久的耐性和平和的心态。掌握了《度量经》后，再依次学习打底稿、涂颜色、晕染、拉线条等唐卡绘制上的一道道工序。最后则是开脸相，这样学下来最快也要五到七年。为了让徒弟能够学得好、掌握得快，吾屯的唐卡师傅一般都十分严格，画得不好的时候，会严厉地批评，甚至会动手打几下。有的师傅为了感化顽皮的学生，在批评学生时还会自损几句，让学生体会到师傅的良苦用心。夏吾才让为人和善，从来没有打骂过学生，对手艺总是一遍又一遍不厌其烦地教，十分有耐心，对学生们掌握手艺的每一个细节都十分关注，时刻叮嘱着学生们。他对比例要求非常严格，得完全按照《度量经》去学去画，不能改变，要将佛的 32 种美、80 个变化都熟记在心。到了上色阶段，从调制颜料甚至到每一笔徒弟也都是在老师的严格要求下和反复的锤炼中去掌握。

吾屯地处藏汉的交接地带，唐卡艺人手艺精湛，在藏族聚居区和汉地的藏传佛教信仰区久负盛名，出师后的艺人会背负着画具行囊，为藏汉两地的寺院和佛教信徒们绘制佛像。有些手艺好的艺人会与寺院建立长期的工作关系，多年或是多次在一所寺院里绘制佛像。夏吾才让阅历丰富，年轻时足迹遍及青海附近的各藏族聚居区，还远到过印度、尼泊尔等地作画。他经常会将自己游历的见闻讲述给学生们听，学生们神往着能够拥有师傅一样的技艺，以后靠手艺走南闯北。娘本 15 岁时得到了第一次外出的机会，当时师傅共带了九个人去塔尔寺作画，九个学生当中他是最年轻的一位。在塔尔寺的时候，娘本和师兄们每天早上为师傅煮茶，师傅喝完茶后去转经，学生们聚在一起作画。这次外出使娘本能够在实践中得到锻炼，也开阔了眼界，增强了信心，手艺有了很大的提高。

像吾屯的其他唐卡艺人一样，娘本也经历了四处游历、靠手艺为生的艺人生活。17 岁时起，他开始独自背着画具到牧区里面作画，其间的很多经历都使他记忆深刻。19 岁那年，娘本在荒山里迷了路，直到第二天天亮才走了出来，当时年轻的他非常害怕，靠念经才熬过了一夜。随着年龄的增长，娘本走遍了各个藏族聚居区，青海海南藏族自治州的四个县，海北的五个县，果洛、若尔盖，四川阿坝、青海玉树，这些地方都留下了他的足迹和他画唐卡的记忆。

第二节 风格形成

图 2-5 夏吾才让（中）与外孙仁青加（左）

唐卡在藏传佛教的文化语境中，并非现代意义上的纯艺术品，而是作为宗教用品产生的，是信众观赏和修行的媒介；唐卡艺人从艺，也并非以纯粹的个人表达为目的。热贡唐卡继承了格鲁派的宫廷画派“勉唐画派”的造像传统，即要求艺人完全按照《度量经》上的标准样式绘制，在色彩上融入当地的民间审美，以便在传播教义的同时更好地为广大区域接受，这也是“勉唐画派”在后弘期的一个重要艺术形式特点（图 2-5）[①]。热贡处在藏汉两地交接的位置，艺人在出师之后，穿梭在藏汉

① 于小冬. 藏传佛教绘画史 [M]. 南京：江苏美术出版社，2006：261-263.

图 2-6　夏吾才让作品中的飞天形象

两地的佛教信仰区，为供施者绘制唐卡，这使艺人们一直能够大胆吸收不同地区的艺术风格，被不同地区的信众所接受。随着当代新的唐卡接受环境的产生，唐卡在艺术风格上开始出现新的变化，艺人们有了主动追求风格方面的探索。

娘本的师傅夏吾才让是这方面比较有代表性的热贡艺人，他曾是吾屯上寺、塔尔寺里的艺僧，后曾跟随张大千在敦煌临摹了三年的壁画，将敦煌壁画的飞天形象和魏唐画风的铁线神韵融入了唐卡当中（图 2-6、图 2-7）。他晚年变法，一改传统热贡唐卡追求复杂装饰的画面效果，形成了线条雄劲、曲中带刚，画面简约、色彩强烈的个人风格（图 2-8）。20 世纪 70 年代，他绘制的一幅《吉祥天母》唐卡被誉为“当代热贡艺术的高峰”[①]。这种对手艺的求索精神，也促使娘本在掌握了绘制唐卡的技艺以后，开始探索自己的艺术风格。

1995 年，24 岁的娘本带着自己的几个学生去成都的一所寺庙里作画，结识了工笔画家罗家宽。罗家宽看到娘本的唐卡后十分赞赏，并请他一起去完成寺庙里的 78

① 白庚胜．中国唐卡艺术集成：吾屯卷 [M]. 银川：宁夏人民出版社，2007：271.

图 2-7　夏吾才让作品中的仙女

图 2-8　夏吾才让晚年作品《文殊菩萨》局部，作于 1991 年

幅壁画临摹。在与罗家宽一同工作时，娘本看到了工笔画的线条变化丰富，表现力强，开始希望将工笔画的技法融入唐卡当中。在成都的三年时间里，娘本随罗家宽老师系统地学习了汉族的传统工笔画，并完成了寺院里的 78 幅佛教壁画的绘制，逐渐将工笔画技法和热贡唐卡进行结合。在他这一时期的作品里展现出了线条细腻、变化丰富、造型动态夸张的艺术特色（图 2-9～图 2-11）。

成都之行后，娘本打算再到藏传佛教的圣地拉萨去看一看传统的藏族唐卡，拓宽自己的视野。在八角街上，他看到了拉萨艺人的唐卡作品和前店后坊式的从艺方式，觉得热贡唐卡也会在这里受到欢迎。他将自己的唐卡拿到很多画店去，普遍不被接受，当地艺人大都觉得颜色单薄、不厚重，但是认为线条和细节处理得很好。娘本访遍拉萨的各大寺院和大大小小的画店后体会到，拉萨之所以不喜欢热贡的唐卡，并不是因为手艺

图 2-9　娘本的工笔画

图 2-10　娘本在成都时期的唐卡作品《大黑天》

图 2-11　娘本在成都时期的唐卡作品《六臂马哈嘎啦》

不好，而是因为不同地域的审美不同，眼光不一样。比如拉萨唐卡的颜色深沉浑厚，而热贡唐卡的颜色则浅淡多彩，在样式上都是延续了“勉唐画派”的风格，只是在形式上有些不太一样。在技艺方面，热贡唐卡复杂的用金、精细的刻画，更胜过西藏。就这样来来回回了几次以后，娘本决定留下来学习拉萨的技艺。他带着妻子和画具在拉萨的八角街租了一间30平方米的小门面，一边学习一边开店维持生活，妻子为他照料家务和店里的一些琐事，两个人踏踏实实地待在西藏，一待就是八年（图2-12）。

画店开起来了，娘本要做的第一件事就是绘制一幅能让拉萨认可的唐卡。他结合了西藏风格的浓重用色，又运用热贡独有的注重细节刻画、丰富的用金技艺，再融合了成都时期学到的工笔画的用线技巧，创作出了一幅新形式的唐卡。新唐卡挂在画店里，引来了人们的关注，热贡唐卡的名声从八角街传了出去，很多信徒都慕名来请唐卡。村里人听说娘本有了市场后，都托他帮忙在拉萨销售唐卡。需求多了，娘本考虑到自己门店的空间规模有限，开始寻找一些大型的画店合作：先是跟画店老板谈好，将一部分作品放在店里代售，售出去后就再拿一些过来。销售渐渐好了以后，画店还会主动先付定金。来店里请唐卡的人多，许多寺院来定制唐卡也令他应接不暇。娘本带上自己的学生，带上村子里的画师们一起去各个寺院里绘制

图2-12　拉萨八角街

唐卡，陆陆续续带了村里的四五十人出去。他将热贡唐卡带到了西藏，人们逐渐开始了解并重视吾屯这个“唐卡艺术之乡”（图 2-13）。

20 世纪八九十年代信息和交通不发达，热贡唐卡的接受群体主要集中在周边的一些信仰区，市场非常有限。吾屯的唐卡艺人在学成手艺后以为周围的寺庙和家庭绘制唐卡为业，但是由于受众范围小、收入低，从艺人员越来越少。娘本通过在四川和西藏的经历，发现了热贡唐卡新的发展空间。西藏的信徒众多，寺庙也比较集中，再加上各地前来朝圣的信众，是一个非常大的市场。如果将热贡唐卡带入西藏，正可以改变家乡目前因为唐卡使用群体减少而使手艺衰退的局面。热贡唐卡的从业人员密集，传承没有中断过，完整地保留了传统技艺和造像标准，强调精工和贵重材料的使用，强调用金、用线、晕染等多种技法的结合。在艺术形式上，“热贡风格”吸收当地的民间审美，融合藏汉两地的艺术特点，人物造型匀称，注重面部表达，背景丰富、花纹多变、装饰华丽、色彩浅淡，善用“七彩色”；西藏拉萨风格的唐卡造型饱满，善用大面积铺金，背景设色整体浓重，不喜欢过多的色彩搭配。手艺人在实践中融合各家之长，创造了新的更广为人所接受的唐卡艺术形式，形成了自己的唐卡艺术风格，也无形中为手艺寻找到了新的出路，扩大了手艺生存的空间（图 2-14～图 2-16）。

图 2-13　八角街上林立的唐卡店

图 2-14 热贡风格的唐卡

图 2-15　拉萨风格的唐卡

图 2-16　娘本创作的唐卡《药师佛》

| 第三节 | 手艺新生

新的接受环境改变了传统手艺的生存方式，手艺人开始需要面对新时代赋予传统手艺的时代意义。20世纪90年代末期，唐卡进入了收藏界的视野，新的唐卡接受环境的产生为热贡唐卡提出了新的命题。人们对待唐卡不再只局限于宗教信仰方面的功能需求，更看到了其中巨大的艺术价值和经济价值。唐卡被人们称作“唐卡艺术”，唐卡的内涵变得更加丰富了，各种展览也将热贡唐卡介绍了出去，吸引了各地的购买者前来寻找热贡唐卡。经过在成都和拉萨十几年的游历，娘本开阔了眼界，看到了各地、各民族众多优秀的绘画艺术形式，他开始思考属于热贡的唐卡艺术特色。什么是热贡唐卡，热贡唐卡中最重要的是什么？哪些必须保留，哪些又需要创新？

他想到师傅是上一辈艺人的代表，他从师傅那里学来了绘制唐卡的手艺，又陪伴师傅一起从艺生活了多年，耳濡目染地受到了师傅艺术理念的熏陶，师傅是国家级的工艺美术大师，这是国家对其艺术上的肯定，自己对艺术风格上的探索和广为接受，都是老艺人们传给的东西好。想到这些，娘本开始重新研究夏吾才让各个时期的作品。在一幅幅唐卡中，他看到了师傅艺术风格的变化不是单纯的形式嫁接，而是由外到内地吸收、创造的过程。先是从样式上吸取其他绘画形式中有益的内容、技巧，然后转化为个人艺术性上的追求，最终达到了在传统手艺艺术上的提升。娘本意识到，传统手艺想要真正发展，必须是在继承中发展，在传承中创新才行。热贡唐卡中传统的研磨、制作颜料的方法，用金、拉金线的技艺和精美的色彩、细腻的线条是最宝贵的，也是热贡唐卡被关注重视的原因。这些老祖宗们千百年来流传下来的智慧结晶不能丢，传统技艺、工序一定要保留，但有些地方需要继续创新。手艺当随时代，正是师傅艺术理念中最核心的部分，也是热贡唐卡能够历经波折一直延续的秘密，这或许就是热贡唐卡中最重要的。

娘本在保留传统技艺的基础上推陈出新，将新的题材和新的材料引入唐卡，先后创作了《开国大典》《文成公主进藏》两幅历史题材的大型唐卡作品。作品运用了油画中历史画的叙事和构图方式，场面宏大，容纳人物众多，在画面形式的处理上，色彩淡雅，变化丰富，花纹图案装饰华丽，突出了热贡唐卡的艺术语言特色。他还将时事纳入唐卡题材，创作了三幅《福娃》和一幅《澳门回归十周年》的作品。在材料创新方面，他引用珍珠、红珊瑚等天然材料，将佛像用一粒粒珠宝组成，背景部分以传统手绘的形式表达，形成了立体和平面相结合的视觉效果，也提高了唐卡的工艺价值。他这些创新的唐卡，现已被赞为当代热贡的“新唐卡”，焕发出了传统手艺在当代的活力和价值（图 2-17、图 2-18）。

图 2-17　以红珊瑚、绿松石、白珍珠制成的立体唐卡

图 2-18　珍珠唐卡

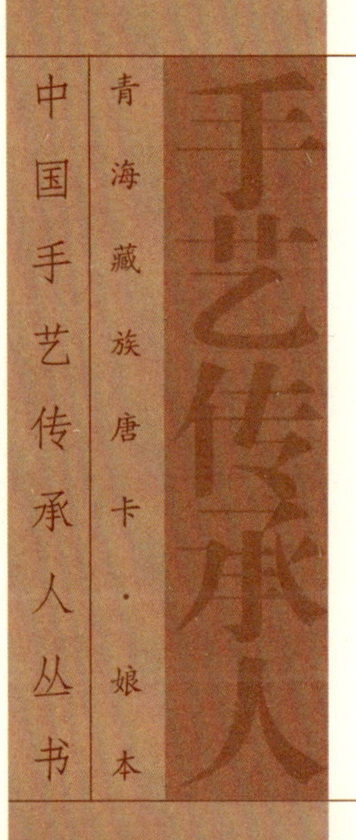

第三章

娘本的手艺传承

丨第一节丨传统传承

潘鲁生曾经提出，中国民间手工技艺的传播，是以家庭作坊为核心发展而来的，在传承方面，可归结为言传、物传和心传三种形式[①]。热贡唐卡几百年的发展历史，技艺能够完好地保留至今，是因为有着相对较为完整的传承结构和较为完善的传承形式。

在早期的吾屯唐卡传承中，村寺是保存、传播和传承手艺的中心。出家的艺僧在寺院里学得手艺后，视从事绘制唐卡为修行，这样既满足了寺院里的使用需要，又完整地保留了技艺。绘制唐卡的技艺能够流入民间，也是因为整体的信仰基础和村寺一体的居住环境。艺僧是来自村中各个家庭的村民，在特定的需求下会将手艺带入各自的家庭内部，扮演了手艺传播的中介（图 3–1、图 3–2）。

在民间，家庭成员相互协作形成了集体生产模式，发展成为家庭作坊，在家族男性成员中传承，形成父传子、叔传侄、舅传甥的传统传承模式，使唐卡从业可以不间断地在民间延续。一个家庭作坊，是唐卡从业的最基本单位，在家庭内部，按照长幼和技艺水平的高低，形成流水线式地绘制唐卡的作业方式，新进的学徒能够在实践中由浅入深地去掌握唐卡绘制所需的各项技艺。吾屯的民间唐卡艺人，一般在七八岁就会拜一位家族内部有名望、技艺好的长辈去学习手艺。师傅在唐卡的制作中需要有人协作，也乐意接纳新学徒。学生要在家庭作坊里依次掌握各种材料的制作、绘画的各个工序和各种技法，几年学成后再组建属于个人的唐卡作坊。在学艺的过程中，学生既帮助了师傅，又掌握了手艺，学生通过付出劳动，维持了在作坊里的生活开销。所以师傅不仅不收学费，还会在学生们的技艺达到一定水平、能够帮助师傅完成较复杂的工作时，付给一定的报酬，这也为家庭中的男子不参加农事活动、全身心投入学艺提供了物质上的保障。这样不间断地循环，使手艺能够在民间一直延续，世代传承。从整个村子来看，各个家庭作坊组成了大型的村落式唐卡工场，唐卡的生产能够保持规模，能够满足不同的接受群体，为手艺在当地的繁衍和形成规模提供了需求上

① 潘鲁生．民艺学论纲 [M]. 北京：北京工艺美术出版社，1998：295–296.

图 3-1 装饰华丽的宗教艺术

图 3-2　村寺的艺僧

的保障。一个藏族家庭所供奉的小型唐卡，可以由家庭作坊独自承担，如遇到寺院里的大型唐卡绘制工程，则会由几个作坊组合，共同协作来完成（图 3-3）。娘本早期的学艺从艺经历，是典型的吾屯唐卡手艺的传统传承方式。师傅夏吾才让出生在吾屯上庄，七岁时在吾屯上寺出家为艺僧，拜吾屯上寺的唐卡艺人多杰先为师，18 岁出徒后，在青海的塔尔寺，印度、尼泊尔等多地的寺庙里绘制过唐卡，他的两个儿子都成为唐卡艺人。夏吾才让这样的艺人，可以看作是近代将手艺从寺院传播到民间的中介，他将所学的技艺和相关的佛经理论带入了村里。娘本 12 岁时拜夏吾才让为师，同师傅一起从事唐卡绘制，与师兄弟们组成了一个十五六人的手艺作坊。经过多年的从艺，在手艺达到能够完成全部的绘制工序时，便继续帮着师傅带徒弟。娘本收的第一位徒弟仁青加是夏吾才让的外孙，娘本的妻子也是夏吾才让的孙女，娘本的儿子仁青多杰年幼时拜娘本的师兄为师，后随父亲继续从艺。这样在家族内部的手艺传承模式，使手艺较好地被保护，不会在传承的过程中断层，也不会随着时间变化而使任何一方面的技艺流失。

围绕着家庭作坊形成了家族内部手艺传承方式，也形成了诸多拜师从艺的民间习俗，这些习俗在一定程度上也保护了手艺的传承。娘本在拜师时，先是家人带领着去

图 3-3 家庭作坊中协作绘制唐卡

见师傅，师傅看过学生同意收下后，会选定好的日子来举行拜师收徒的仪式。吾屯的习俗是选择在麦子发芽的时候拜师和出师，通过向师傅献哈达、磕头，敬献师傅肉、米、油、茶等物品来完成整个拜师仪式。仪式过程也要有其他的家庭成员过来参与见证。娘本就是经历了这样的整个仪式后，进入师傅门下学手艺的。这样可以使手艺人对手艺抱有敬意，在学习的过程中也会格外踏实、认真，不会随便简化工序或是改变技艺。学生进门后和师傅生活在一起，所有的吃住花销都由师傅来负担，学生不仅要完成学习手艺时的各项任务，还要帮助师傅料理家务、种地等全部的家庭劳作。师傅是手艺作坊的主人，也是家庭的家长，学生对师傅言听计从，以家庭内部形成的行为准则来保障家庭从业的规范。另外，在学艺的初期一般不会由家庭的直系亲属来教，通过这种方式避免家庭内因过度宠爱子女而影响手艺学习的效果。像师傅夏吾才让的爷爷索南旦巴是唐卡艺人，夏吾才让是先跟随多杰先学艺，在 18 岁出徒后又跟着爷爷去塔尔寺求艺。仁青加是夏吾才让的外孙，也是在娘本出师后师傅托付给他的第一位弟子，娘本将自己的儿子仁青多杰也是先交给自己的师兄，待手艺掌握到一定程度后，再跟随父亲从艺。

吾屯唐卡传统的传承形式同时体现在言传、物传和心传三个方面。热贡地区有着大量的寺院，每所寺院里都供奉着各类唐卡、间唐，这些唐卡由一代代的艺人绘制，每一次修建寺庙的工程，又为寺院增添了同时期新形式的唐卡。像隆务寺、吾屯上寺、吾屯下寺里的各个殿堂里都有专门供奉的佛像唐卡，寺院里的经堂回廊，都是由一幅幅大型的间唐组成，这无形中为从艺提供了学习上的参照（图 3-4～图 3-6）。寺院保留了绘制唐卡所需要的各种佛教典籍和造像理论，吾屯的民间艺人从艺前会到寺院里学习相关的理论知识，学艺时在师傅的指导下先掌握各种度量经，再学习具体的绘制技艺。娘本在幼年时期就曾有过在吾屯上寺学经的经历，在跟随夏吾才让从艺以后，也是先要掌握各类佛像的造像度量和佛教理论。在家庭作坊里，师傅的作品，甚至包括工具材料，也成为物传的重要部分，被徒弟们所珍重。娘本收藏了师傅各个时期的作品，在自己教学时会拿师傅的作品为学生们讲解（图 3-7）。

学艺的整个过程是与师傅一同工作，边干边学，在实践中掌握各个环节。师傅在每一阶段都会传授阶段性的手艺要领，这些要领被总结成朗朗上口的画诀，很容易被学生记住。娘本在学艺的初期，先是从事磨制各种矿物质颜料的工作，熟悉每种颜料

图 3-4　隆务寺里的间唐

图 3-5　村寺里的各种间唐

图 3-6　村寺里的各种间唐

图 3-7　娘本收藏的夏吾才让唐卡作品

的特性和制作方法。工作之余，要背诵画诀和临摹度量经里的各种佛像，来掌握每个佛的特征、比例和各种变化。经过两年掌握了这些要领后，开始帮助师傅制作画布和打底稿，并依次学习铺色、晕染、勾线、绘制花纹、开眉眼等步骤。每个阶段都是在能够独立完成后，经过师傅同意再进行下个环节，每个环节师傅都会亲自上手修改，手把手地去教，让学生在看的过程中体会。这样既保证了作坊出产作品的质量，也为学生提供了示范（图 3-8～图 3-10）。

唐卡的整个工序，是由大到小，从整体到局部，从大面积铺色到细节的描绘，这样的绘制流程正符合学艺时由浅入深的掌握过程。最后一步是开脸，是检验艺人手艺水平的部分，也被艺人们视为最难掌握的部分。这一道工序不仅要求艺人有较高的技艺水平，还要有个人的体悟在里面展现，通常被看作是唐卡艺人出徒的重要一关。唐卡的制作和学习，虽看起来是以较为规范的模式化进行的，但其中处处体现着强调体悟的感性成分。夏吾才让曾经教导娘本，画白度母的面相时，要画得像 16 岁少女的脸庞，因为 16 岁是女性一生中最美的时刻，有多少人画，就有多少种脸相，要自己

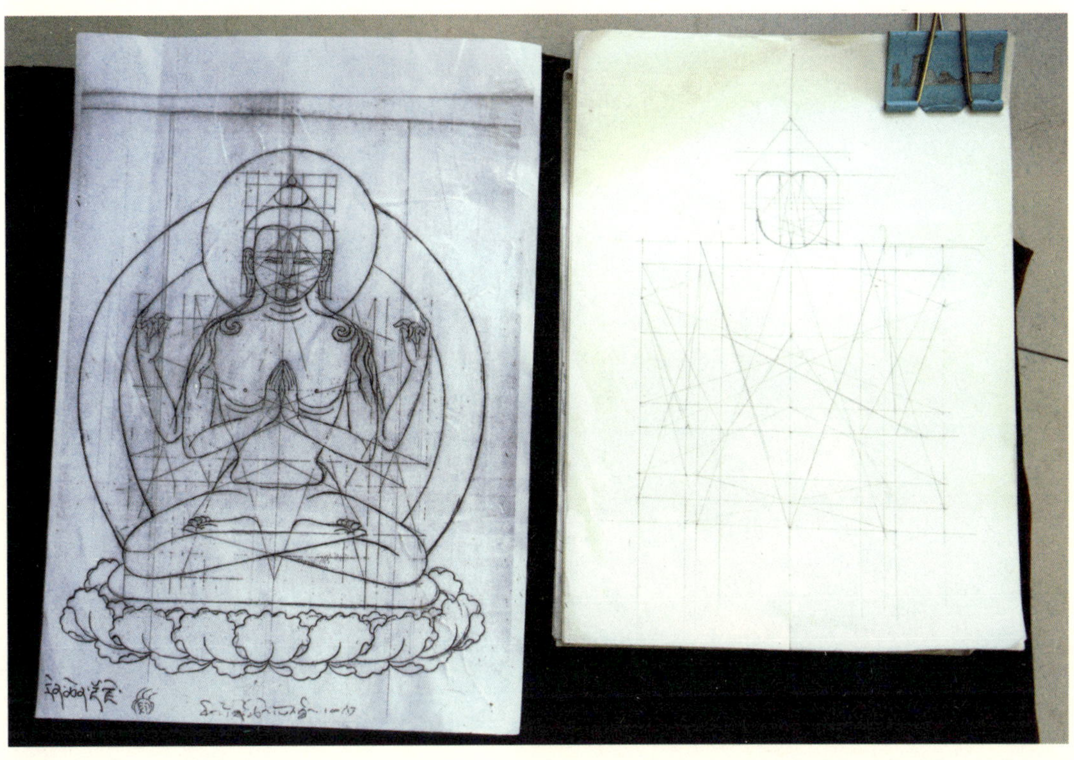

图 3-8 各种度量的学习

图 3-9 学习制作各种材料

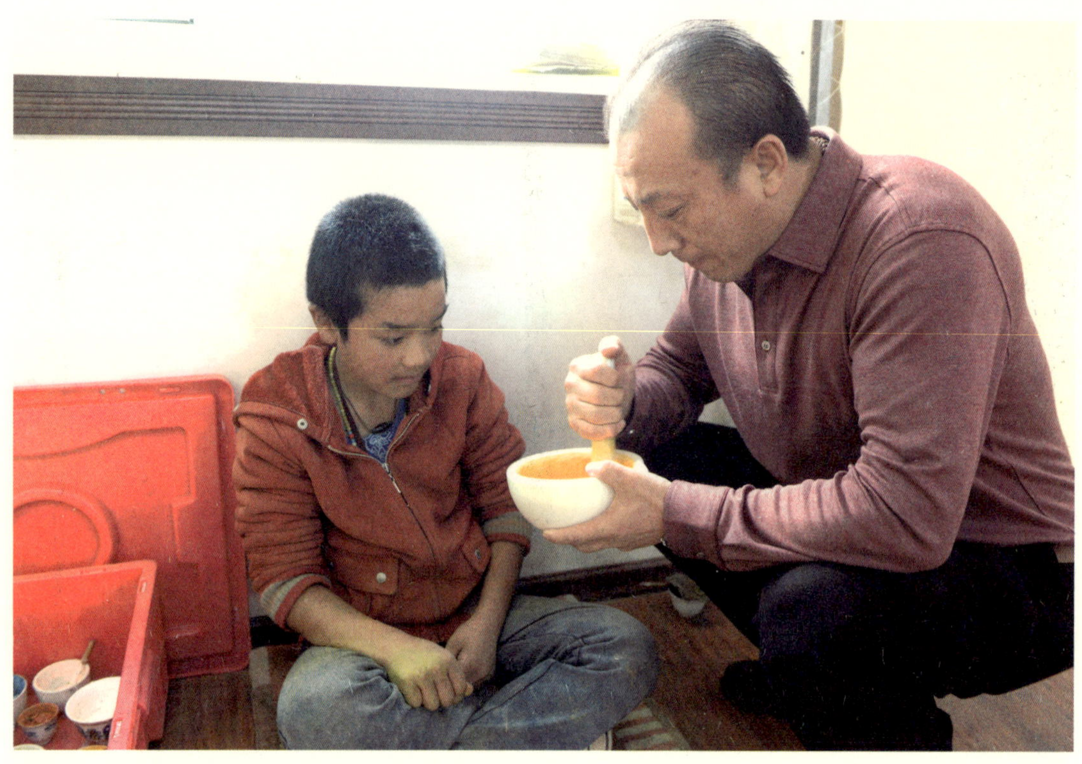

图 3-10　娘本为学生示范研磨颜料

去感觉，要把自己心中最完美的形象表达出来。娘本在介绍师傅晚年的代表作品《大威德金刚》时，对画面中火焰的处理赞不绝口。他说师傅对火焰燃烧的感觉通过寥寥几笔就表现得淋漓尽致，是艺术上的做法，不像是工匠的描摹。娘本在评价自己的学生时，也经常会用有没有天赋来形容。有天赋的学生学得快，在某一项技艺上会有自己的特色，能成为个人的绝活。在教学中，他常常是引导学生主动地去体悟，要在对待技艺工序严谨的态度下，最大限度地发挥创造力，在遵循"三经一疏"的造像标准时，体现个人的艺术特色。这种遵循着法度要求的体悟，使唐卡在相对程式化、集约化的手工生产中，激发着艺人们的创造力，体现着艺人个体的感受，而非单纯机械性的劳作。在保持宗教对于唐卡的整体要求时，发挥出个人化的艺术价值，形成了隐性的竞争力，使唐卡从业者在内部源源不断地产生着生长的动力。

吾屯完善的唐卡传承模式使手艺能够长期稳定地延续，娘本在师傅那里继承了手艺，也按照传统的传承方式收徒授艺。直到 20 世纪 90 年代以后，热贡唐卡出现了变化，进入了转型期。市场的扩大和接受人群的改变，为传统手艺的从业、传承提出了新的要求。

| 第二节 | 传承创新

一、建立热贡画院

唐卡传承步入当代，在从业规模和从业人员上都较以往有了很大的变化。尤其是在20世纪90年代后期，旅游市场的开发和对大量纪念品唐卡的需要，冲击了当地传统的从业、传承模式。许多商人看到了热贡唐卡的投资价值，纷纷过来出资建厂，产生了规模化的唐卡生产模式。生产的工期缩短、工序简化，工业生产的化工颜料取代了艺人循古法自制的矿物质颜料，致使质量下降，技艺一度衰退。有些艺人为了迎合市场，不再长时间地去精心绘制一件作品，开始大量出产低质量唐卡。从业人员混杂，反而使坚持品质、坚守质量的艺人们没有了生存之地，许多传统的技艺面临着丢失的危机。市场扩大以后，收藏市场也瞄上了热贡唐卡这块资源。北京、上海、香港等城市的一些艺术品收藏者开始购买、定制唐卡，使唐卡原本作为宗教用品的属性逐渐改变，成为可供欣赏的艺术品，吸引了全国各地的求学者。在这种接受群体和从业群体的变化下，手艺的宗教意义、民俗意义的内涵和技艺本身的传承传播都面临着未知的变革。

这时娘本和徒弟们从拉萨回到了家乡，看到传统手艺正在发生着如此巨大的变化时，娘本开始思考唐卡的技艺保护问题和传承问题。传统的家庭式作坊和家族内部的传承方式已经不能够适应现在的唐卡需求环境了，而盲目地扩大和缩短学时、工期，只会对手艺造成严重的损害。现在虽然对于唐卡的需求多了，市场大了，但完全地按需生产，使艺人们只关注少数几个市场上受欢迎的品类，好多传统的样式、题材都面临着无人学、无人画，正迅速地消失的情况。娘本在想，师傅晚年一直思考的是手艺传承的问题，他一直对学生们说，要把祖宗的好东西传下去，不能在这代人手里断掉。自己生在吾屯，学在吾屯，目睹了当代热贡唐卡的步步发展，从1981年组建“热贡艺术研究筹备小组”，到1986年“热贡艺术馆”“热贡艺术研究所”的成立，师傅一直身在其中，为手艺的发展尽到了老一辈艺人应尽的职责。作为这代艺人，想让唐卡更好地发展，首先就要在传承上去努力。要把手艺的精髓传下去，不能在我们这代人手里断掉。于是娘本打算将十几年在外画唐卡挣来的积蓄全部投上，建立一所唐卡学校，这样既能保护好技艺，又能容纳更多的人来学习，能让手艺更广泛地传播、传承。

在西藏待了八年的娘本，回到家乡后很多人都不认识了，连镇长是谁都不知道。他先找到自己所在的吾屯村的村委会主任和村支部书记，把建唐卡学校的想法告诉了他们。书记和主任听后非常高兴地说："我们吾屯的一个艺人自己想要为家乡做这么大的贡献，我们全力支持，但学校的话要求会比较高，需要很多的审批，并且只靠你一个人的话也教不起来啊。你可以成立画院，画院可以研究、展示唐卡，也可以按照我们吾屯传统的方式带学生。画院一定要办好手续，全要正规地来，这是好事要办好，我们帮你去跟镇政府说去，帮你办手续。"就这样，在吾屯村干部的帮助下、同仁县政府的支持下和娘本的努力下，2007 年 8 月，历时一年建设、占地四亩、建筑面积达两千平方米的"青海省黄南藏族自治州热贡画院"建立起来了，娘本担任院长（图 3-11、图 3-12）。

画院的建立，改变了以往家庭作坊的规模，改善了对手艺保护和传承的条件，建立了对外交流的平台，但在管理和运营上也提高了难度。娘本对画院的设想是开拓传统手艺的现代发展，所以在教学上，仍是沿用吾屯传统师带徒的传习模式。他让已经出徒的学生，在画院里一边从艺一边授艺，与学生们画在一起，以起到随时示范的作用。一旦有大型的唐卡绘制工作时，也会按照传统的生产模式，学生和老师一起协作，分工进行。学生在画院里管吃管住，不但不收取任何费用，还会定期发给生活费，这让一些贫困家庭出来的孩子能够安心学艺。在管理上，他请弟弟来负责日常的运营，妻子负责日常生活的各个方面，在一家人的努力下，这个公司性质的画院逐渐有模有样地运转了起来（图 3-13、图 3-14）。

二、保护与传承

热贡画院建立以后，娘本首先在保护和传承两方面下工夫。

在保护方面，画院里设立了常年开放的展厅，用于展示热贡艺术和各个时期的唐卡作品。娘本从艺多年来一直喜欢收藏各类老唐卡，他到每处地方，看到了珍贵的唐卡都会不惜代价地去购买。他把这些老唐卡当做了学习的范本，对各地各时期的绘制

图 3-11　娘本建立的“热贡画院”

图 3-12　画院内景

图 3-13　娘本指导学生

图 3-14　画院里的手艺传习

工艺和风格的变化，都能够通过这些作品来了解。画院建立好后，他首先把这些作品拿了出来，他希望有更多的人能看到，更多的人去研究。目前画院收藏了 600 多幅精品唐卡，其中有一百多幅明清时期的作品，涉及藏传佛教的各类传统题材，有印度、尼泊尔和我国西藏等地的艺术风格，还有皮本、布本等多种材质。这些唐卡现已成为画院的教材，成为学生学习手艺最好的范本（图 3-15～图 3-19）。吾屯长期家庭作坊式的传统从艺模式，使每个作坊都有不外传的手艺绝活，有些作坊因为从业中断，导致了一些特殊技艺的流失。画院为吾屯著名的唐卡艺人们分别设立了各自专门的展厅，用来纪念老一辈优秀的唐卡艺人，并通过研究老艺人们流传下来的作品，挖掘出许多失传的手艺绝活。有位吾屯当地的老艺人，自己珍藏了一批一生中的各个阶段的代表作品，从来不肯卖，也从不拿出来。当他看到了娘本对手艺的珍视，觉得能够让这些手艺品发挥出价值来，也欣然将自己这部分作品转给娘本。面对传统唐卡题材的流失现象，画院目前正在着手唐卡百描、千描工程，意在梳理、挖掘和保护热贡传统唐卡的全部题材（图 3-20～图 3-22）。

针对目前市场上伪劣商品唐卡充斥的局面，娘本和一批唐卡艺人纷纷站了出来，

图 3-15 画院里的艺术展厅

担负起保护传统手艺的职责。热贡成立了唐卡的鉴定小组，娘本也参与其中，承担了部分鉴定的工作。他发挥画院优势，建立了唐卡原材料储备库，积蓄了大量珍贵的天然材料。他还在画院每年开设了短期的唐卡培训班，为艺人们免费发放各种矿物质颜料，要求艺人们重视传统技艺，从根源上杜绝伪劣唐卡的产生。他对艺人们说，我们想让唐卡继续发展，就必须做到最好，将最精美的技艺保留下来，才能保护好热贡唐卡的名声，让热贡唐卡发展得更好（图 3-23、图 3-24）。

娘本发挥画院场地、资源充足的优势，突破了收徒的界限，扩大了收徒的规模。他的徒弟仁青加、李先加、桑吉本等，现在已是画院里的老师，与他一起免费培养了大量的唐卡艺人。培养的学生不只局限在家族内部和吾屯当地，不管来自什么地区，只要真心想学，画院在有能力容纳的基础上都会接收。其中大多来自州属四县的贫困家庭，有些还是孤儿。娘本认为，要帮助这些孩子的话，就是要教给他们掌握一技之长，有了手艺他们就能够自己生存，也能更好地将手艺传播。这种接收孤儿学艺的救助方式，现在已在当地开展了起来，当地政府会不定期地将部分孤儿送到各个画院里，形成了人才培养和社会服务相结合的手艺传承模式（图 3-25 ~ 图 3-27）。

图 3-16　画院收藏的具有 12 世纪风格特征的老唐卡

图 3-17　画院收藏的元代皮本唐卡

图 3-18　画院收藏的清代唐卡

图 3-19 画院收藏的木版唐卡

图 3-20 娘本为师傅专门设立了展厅

图 3-21 娘本为笔者介绍展示的唐卡

图 3-22　老艺人唐卡作品

图 3-23 画院里的材料储备

图 3-24 画院里的各类原材料

图 3-25　娘本指导学生拉线条

图 3-26　娘本为学生讲解用金技艺

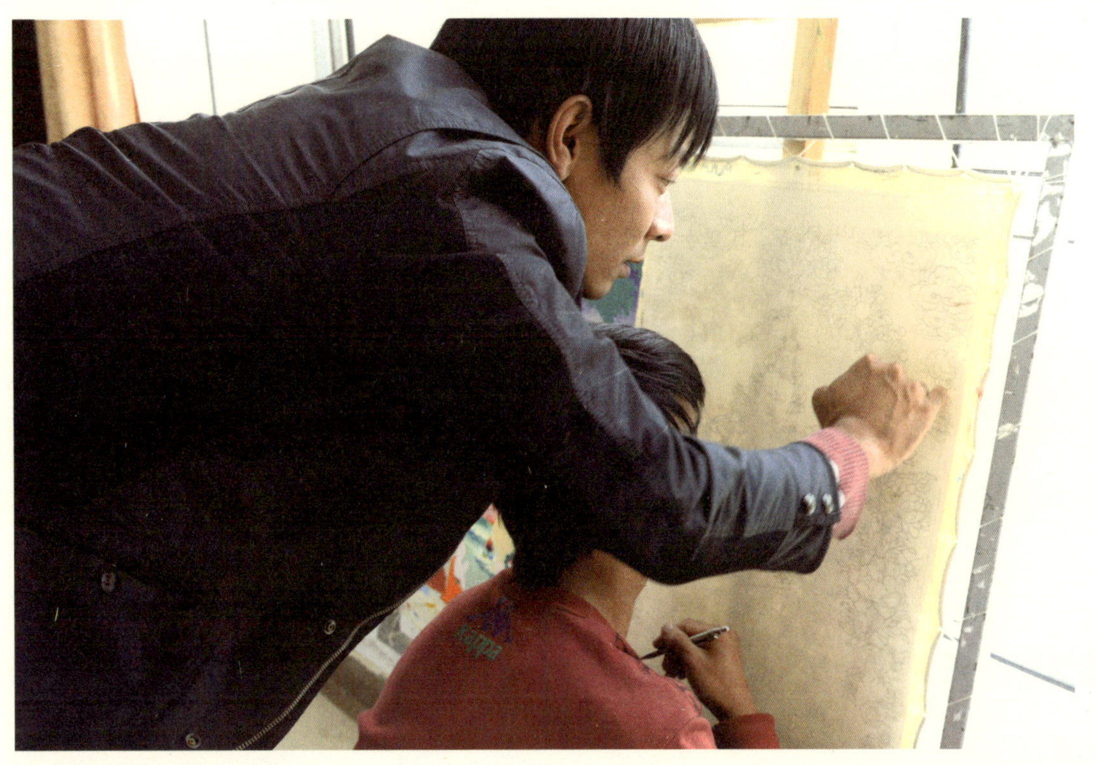

图 3-27 娘本的徒弟仁青加教学

现在全国各地慕名来画院学习手艺的人越来越多，新一代的徒弟中就有几位来自北京、山东、云南、四川等地的求学者。这些求学者有着不同的生活背景，有些是唐卡爱好者，有些是高校的毕业生，有些是为了掌握一技之长。他们过来学艺，丰富了民间艺人团体的知识结构，为画院带来了新的气息，也扩大了手艺的传播范围。娘本的学生中曾有位美术老师，还有个来自山东的艺术高校油画专业的毕业生，这名毕业生将油画中的罩染技法运用到唐卡中，在晕染部分表现得特别出色。现在画院的老师们提起他来，都连连夸赞有天赋，晕染得特别美。在求学的学生中，也有一位来自山西高校动漫专业的女大学生。她在电视上了解到了热贡唐卡，非常喜欢，后来将想法告诉了家人，在征得家里的同意后来到画院拜师学艺。像这类学生，在学成后回到家乡继续从艺，为热贡唐卡传播范围的扩大起到了作用。传统的唐卡从业观念中不接收女性学徒，认为唐卡是宗教圣物，只有男性才可以从事唐卡绘制。当代的热贡唐卡从业中，女性学习、从事唐卡绘制的人员开始出现，并逐年增多，打破了以前“传男不传女”的传承习俗。女艺人绘制的唐卡，线条细腻，色彩温润，曾有吾屯女艺人在唐卡的比赛中获奖。热贡画院里现在也有几位女性学徒，娘本认为，以前不允许女性画唐卡，一是因为宗教观念所致，而如今的唐卡已不单局限在宗教用品的范畴，使用范围和接受范围已经扩大；二是传统的从业模式是在家庭内部，传男不传女也是为了防止手艺外流。吾屯的唐卡艺人从以前的十几个人，变成几十、几百个人，到现在成千上万的人学唐卡、画唐卡，传统手艺的发展是越来越好了。所以为了更好地传承，有些传统的想法可以突破，女学生有心学的话，就要给她们学习的机会。传授给学生们手艺，他们将来就能够靠手艺生存，也能把传统手艺传播开来，发扬光大。现在在热贡画院学习的 17 位学生当中，就有 3 位是女学生（图 3-28、图 3-29）。

娘本对传统手艺的保护和传承上所做的这些努力，使手艺的生长有了新的生机。手艺人依照自己的经历和经验，在时代环境里去关注手艺，手艺人遵循了手艺在当下的发展要求，迎合了时代的需求，创新了传承的机制，在手艺生长的前后关系中，寻找到了手艺自身的发展规律，并围绕着其自身规律有效地开展创新。在保护的前提下去创新，在传承中去发展，对技艺的保护，调节了市场化对传统手艺的冲击，搭建了更大规模的平台，满足了从业者扩大的需要。

图 3-28　画院里的女学生

图 3-29 学生们观看老师示范

三、唐卡展览与唐卡教育

自 20 世纪 80 年代初期开始，吾屯唐卡第一次由政府组织在全国范围内的部分城市巡展，展览成为热贡唐卡走出去的窗口。通过展览，更多的人知道了热贡唐卡，更多的人开始关注起这门古老的手艺。展览在对外宣传的过程中促进了艺人与外界的交流，手艺人的身份也获得了更多的认可；展览调动起了艺人们创作的积极性，随着艺人们社会地位的提高，对手艺的地域特色、风格等艺术价值方面有了明显的追求；展览促进了唐卡的多元化发展，也促使传统手艺在当代社会里被重新定位。

保护和发展，是娘本建立画院后所做的内部完善工作，而想让画院运营起来，让手艺活起来，就必须开拓手艺的生存之道。

他在西藏的经历使他明白，艺人们最关心的是先要解决温饱问题，要靠手艺能够生存。生存就要与市场相结合，没有一个完整的产业链，手艺还是没法循环地去发展。他在刚回到家乡的时候，跟着当地政府去全国各地办展览，得到了外界的广泛关注。随着国家对民族民间文化艺术的重视，各种保护方式、保护措施不断地出现，而最终目的还是要把手艺引入一个良性的发展道路上来。保护是阶段性的，发展才可能是长期的传承。他觉得学生们一批批地进来，学了六七年手艺后出去要靠手艺生存，后面的再来，老师们一代代地教，这样才是传承。如果学了以后还没法生存，后面也就没人来学了。所以他打算通过画院这个平台，主动地去开展对外交流的活动，通过展览交流去开阔视野，也能将热贡唐卡介绍出去，寻找到更宽阔的生存渠道。画院成为热贡唐卡对外交流的窗口，他多次组织、参与开展大型的文化交流活动，并曾远赴我国香港、澳门地区以及英国、澳大利亚等国参加各类展览。展览吸引了各地的观众和艺术爱好者，大家都对热贡唐卡精细的技艺和所蕴含的文化价值连连称赞，描绘细微的地方要用放大镜才能看到。许多单位和企业开始寻找娘本合作，定制大型唐卡的任务接连不断。画院不只满足内部的输出需要，娘本还组织起吾屯当地手艺好的艺人们，将热贡唐卡整体地推出去。这样的做法，为许多个体艺人的从艺提供了销售上的保障，维护了当地传统家庭式作坊的利益需求，整合了家乡的人才资源。现在画院通过与人多方合作的方式，在北京、上海等国内大城市设立了专门的办事处，并设立了专门的展厅，搭建起了对外的窗口，探索手艺走出家乡的新路子（图 3-30、图 3-31）。

在进入经济发展新时期以后，我国的传统民间艺术面临的最大问题，就是机械化大生产对手工业的挤压和市场化、商品化对其无形的改造。以往的民间艺术，尤其是生长在乡村的一部分手工艺术，都以较为缓慢的形态发展、相对固态的形式存在。艺人们通过从事手工艺生产，能够满足区域范围内的使用需要，也能为艺人带来可以维生的收入。当代机械化生产的产品以价低、量产的优势占据了大部分的人群需求，给手工艺者的从业带来了胁迫性的影响。在人们没有意识到手艺价值时，没有消费手艺的条件时，传统型的手艺只能通过改变生产、靠降低成本来迎合市场。这样造成的后果是工艺质量的下降和从业人群逐渐萎缩，这成为大部分传统手工艺在整体上所面临的阶段性问题。在这样的境遇下，国家实施了各种保护措施，从环境到物、到人全方位地进行保护。手艺存活了下来，手艺也被宣传出去了，而真正想让手艺在当下的社会环境中成为活态的生长，就需要手艺自身具有适应环境的能力。这也是当代手艺人所要面对的问题。

娘本是个胆子大、能钻研的人，在西藏的经历让他明白，在没有市场的情况下可以创造市场，只要手艺够好，就一定会有人接受。现在的局面是唐卡的价值被更多的

图 3-30　画院获得的各项荣誉

图 3-31　娘本介绍自己的代表作品

人关注了，地位提升了，进入了艺术品、收藏品的领域，所以手艺在当下也需要变，需要有新的市场定位，但不能一味地去追求市场、迎合市场。作为手艺人要知道什么是好东西，什么要保留，哪些又是需要创新，哪些又是可以改变的。他把这些市场的反馈又带到了唐卡教学当中，要求学生们在继承传统的前提下去创新，找到自己的艺术价值。

娘本在授艺的过程中注重发现每个学生的特长，引导和鼓励学生们发挥自身的优势，创造出属于自己的手艺绝活来，体现个人作品的艺术价值。到目前为止，他已经培养了唐卡画师68位，有几位已经是省级的“唐卡大师”“工艺美术大师”，他对其中的仁青加、李先加、桑吉本、安周卡、吉他加等十几位徒弟最为满意。他觉得他们不仅很好地继承了传统手艺，还能够有所创新，形成了自己的风格，有自己的绝活。仁青加在继承师傅技艺的基础上大胆创造，在晕染方面特别出色；李先加能够推陈出新，在传统唐卡形式中表现出了具有颗粒感的肌理效果；桑吉本重视人物神态的表达，他所画出的人物姿态各异，活灵活现。这种继承传统大胆创新的原则，已成为娘本的教学理念。他说，传统要继承，有些东西也要去创新。有的艺人觉得祖宗留下的东西一点都不能变，但是不符合时代的需求致使手艺消失了，不是更大的遗憾吗？就像我画唐卡一样，传统的东西都有、都在画，但新的题材的作品我也在创作。我是想让大家知道，唐卡不但是宗教用品，还是艺术品，我们艺人不只会画佛像，像历史、人文、时事什么题材都可以画，这才是更好的传承（图 3-32、图 3-33）。

进入 21 世纪后，我国的传统工艺逐渐从民间走向了高校，产生了与现代学院教育相结合的新面貌。2001 年热贡艺术被青海民族大学设为本科专业开始招生，2009 年教育部批准唐卡艺术为特色专业，高校聘请民间艺人和大学教师一同参与教学，开辟了手艺发展的新方向。这种新的研习、传承手艺的方式也渐渐影响了热贡的民间传承。唐卡艺人们关注到了现代化的学院教育模式在当代手艺传承中的优势，也开始思考改变传统的家庭传承模式。在 2003 年夏吾才让去世之前，娘本一直陪在师傅身边，师傅临走前最大的心愿就是办一所热贡唐卡学校，这样就能够培养更多年轻的学子，他希望弟子能够完成他未竟的事业。

娘本在教学模式和教学规模上对画院进行改造，他打算专门建一所唐卡学校，用他的话讲，就是要建一所真正的唐卡学校。学校建好后将与画院分开，画院用于生产唐卡和对外交流，学校专门培养学生。学校预计能容纳 50 个人同时学习，每届毕业十个学生再招收十个新生，毕业后可以按照学生自己的意愿留在画院里工作，或是

图 3-32 画院教师、娘本的徒弟仁青加

图 3-33 画院教师、娘本的徒弟李先加

出去单独发展。学校将配备教室、画室、宿舍，在人员上将配有文化课老师和专业老师一同教学。课程设置上，三天专业课，一天文化课，以提高学生的文化素质。他还尝试着将唐卡教育和唐卡展览结合起来，新建的学校将设立专门的唐卡作品陈列厅和材料展厅，将不同时期的唐卡作品依次序排列展示，让学生们能够看到唐卡的发展变化，将各种绘画材料和绘制的工序也展示出来，以了解唐卡的制作技艺和工艺发展。近几年，娘本注重热贡唐卡的文本和影像资料的采集，他想将这一代唐卡艺人的从艺从作品到文本到影像全方面地记录下来，将以往手艺传承中的作画方式、技艺流程、艺诀画诀等口传心授的东西，形成完整的资料和完善的教学资源。再将这些资料传给后面的艺人，使他们更好地了解当代的唐卡手艺（图 3-34）。2014 年 4 月 16 日，娘本的大型唐卡个展“娘本唐卡艺术展”在中国国家博物馆举办，展览是对娘本个人作品和个人技艺的全面总结，也是对热贡唐卡技艺全方位的展现。展览共展出娘本的 65 幅唐卡代表作品，种类上有彩唐、红唐、金唐、黑金唐等形式，题材上涉及护法、罗

图 3-34　已经建成的四层楼校舍

汉、金刚、菩萨、度母、上师、格萨尔王等内容，涵盖了全部传统的热贡唐卡艺术品类。展览还以人类学的视角展示了热贡唐卡的材料工具、各种颜料及原材料和影像资料，在展览现场，娘本的弟子亲自作画，展示制作工序，让观众能够全面地去了解热贡唐卡（图 3-35～图 3-39）。

娘本结合自身的从艺经历，创造出了手艺的时代价值，又结合自己的学艺经历，寻找到了手艺传承的新途径。他身体力行，激活了传统手工艺在当代的生命力，也证明了“手艺当随时代”的意义。从他整个的从艺经历和传承经历可以看到，手艺人出于对手艺的热爱和多年坚持从艺所积累的经验，为传统手艺在当下获得新的发展提供了值得借鉴的参照。

从娘本的手艺传承来看，师傅夏吾才让可以看作是上一辈的艺人，是近代热贡唐卡的鉴证者。这一代的艺人经历了唐卡手艺从宗教走入民间、从几近消失到逐步复苏的阶段。而娘本从艺的这 30 年，是热贡唐卡的当代转型期，是唐卡快速发展、快速

图 3-35　娘本与笔者在展览现场合影

图 3-36　展览现场

图 3-37　聚精会神观看作品的观众

图 3-38　各种绘制材料的展示

图 3-39　娘本的徒弟现场作画

变化的阶段，他亲身经历了手艺在当代步步转型的整个过程。

我国的传统手工艺进入当代以后，首先要面临的问题是生存环境的改变。因为市场经济和产业化的到来，改变了传统手艺的生存方式，以往较为缓慢的、只能满足小范围的生产方式，已经不能够适应当代的市场需求。随着工业化产品大量生产和人力、物力各种资源价值的提高，手工艺的生存途径发生了变化。在这种形势下，一些传统的手艺生产不能够通过改造自身来适应环境，而有些又因为过度改造导致技艺价值的流失。这最终造成了大量的、传承已久的传统手工技艺，在当代逐渐走入了濒危的境地。

手工艺生产具有按需而产的生存特点，使受众在很大程度上能够影响到手艺本身。近代的机械化廉价产品出现后，满足了大部分人的用物需求，手艺的受众缩小了，需要手艺人去寻找新的接受环境。吾屯的唐卡手艺，同样面临了时代带来的这些问题。娘本作为手工艺的从业者，首先通过开拓市场和整合资源，来探索热贡唐卡新的生存途径。他在西藏寻找市场，为家乡的唐卡找到了新的销售渠道。在需求扩大以后，又整合家乡的手艺资源，实现了从业者和需求者双方的利益联结，使唐卡这门手艺在异地开花，重获新生。而面对第二次的变化，当热贡唐卡进入内地，走进艺术收藏的领域时，他同样是运用开拓和整合的办法，建立画院来搭建平台、形成规模，开办展览来建立对外交流的窗口，再一次开辟了新的途径，实现了传统手工艺的当代转型。

再从手艺自身的角度看，手艺的根本价值在于人的参与，在于手艺人用手工进行生产所获得的价值，是机械无法替代的价值。如果降低或是取代了手工，则丢失了手艺产品本身的价值，只会加速手艺行业的消失。娘本作为手艺人，多年的从艺经验和对技艺的深刻理解，使他知道在热贡唐卡这门传统手艺当中，什么是要保留的，什么又是可以创新的。他面对时代、面对市场的转变，不是以丢失传统工艺价值和牺牲手艺的内涵为代价去开发市场，而是在转型转变中，更加强调保护和挖掘传统技艺中面临丢失的部分。他作为艺人所具备的素质，能够敏锐地把握住热贡唐卡的手艺实质。在此基础上的创新，是赋予了传统工艺新的活力，是在继承当中去创造的，这也正符合了手艺的生长规律，才能使手艺在当下环境中获得健全的生长。

第三节 传承谱系

传承情况表									
	姓名	性别	民族	出生地	出生年	师从	从艺地	主要技艺特点	开始从艺年龄
师傅	夏吾才让	男	藏族	吾屯上庄	1922	索南丹巴 多杰先 张大千	青海、西藏、甘肃、四川、印度、尼泊尔	线条	7岁
传承人	娘本	男	土族	吾屯上庄	1971	夏吾才让 罗家宽	青海、西藏、甘肃、四川、上海、北京	色彩	12岁
第一代徒弟	仁青加	男	土族	吾屯上庄	1982	娘本 夏吾才让	青海、西藏、甘肃、四川、上海、北京	晕染	12岁
	李先加	男	土族	吾屯上庄	1980	娘本 老艺人	青海、西藏、甘肃、四川	制作肌理	10岁
	桑杰本	男	土族	吾屯上庄	1982	娘本 尕藏	青海、西藏、甘肃、四川、内蒙古	画面结构	9岁
第二代徒弟	仁青多杰	男	土族	吾屯上庄	1995	娘本 仁青加 李先加	吾屯上庄	用金	13岁
	多杰当周	男	土族	吾屯上庄	1995	娘本 仁青加 李先加	吾屯上庄	晕染	15岁
	桑杰卡	男	土族	吾屯上庄	1988	娘本 仁青加 李先加	吾屯上庄	–	13岁
	杨福存	男	汉族	民和县	1993	娘本 仁青加 李先加	吾屯上庄	–	10岁
	久谢	男	藏族	尖扎县	1995	娘本 仁青加 李先加	吾屯上庄	–	15岁
	索南达杰	男	藏族	尖扎县	1995	娘本 仁青加 李先加	吾屯上庄	–	15岁
	卡先才让	男	藏族	年都乎乡	1995	娘本 仁青加 李先加	吾屯上庄	–	14岁
	白尕玛措	女	藏族	乐都县	1991	娘本 仁青加 李先加	吾屯上庄	–	20岁
	夏吾才让	男	藏族	保安镇	1992	娘本 仁青加 李先加	吾屯上庄	–	21岁
	彭毛扎西	男	藏族	尖扎县	1993	娘本 仁青加 李先加	吾屯上庄	–	19岁
	华青东智	男	藏族	保安镇	1993	娘本 仁青加 李先加	吾屯上庄	–	20岁
	周毛吉	女	土族	吾屯上庄	1997	娘本 仁青加 李先加	吾屯上庄	–	17岁
	娘毛吉	女	藏族	隆务镇	1991	娘本 仁青加 李先加	吾屯上庄	–	21岁
	华青多杰	男	藏族	年都乎乡	1994	娘本 仁青加 李先加	吾屯上庄	–	19岁
	才让太	男	土族	吾屯上庄	1995	娘本 仁青加 李先加	吾屯上庄	–	18岁
	彭措昂杰	男	藏族	吾屯上庄	1993	娘本 仁青加 李先加	吾屯上庄	–	20岁
	尕藏本	男	藏族	吾屯上庄	1996	娘本 仁青加 李先加	吾屯上庄	–	14岁

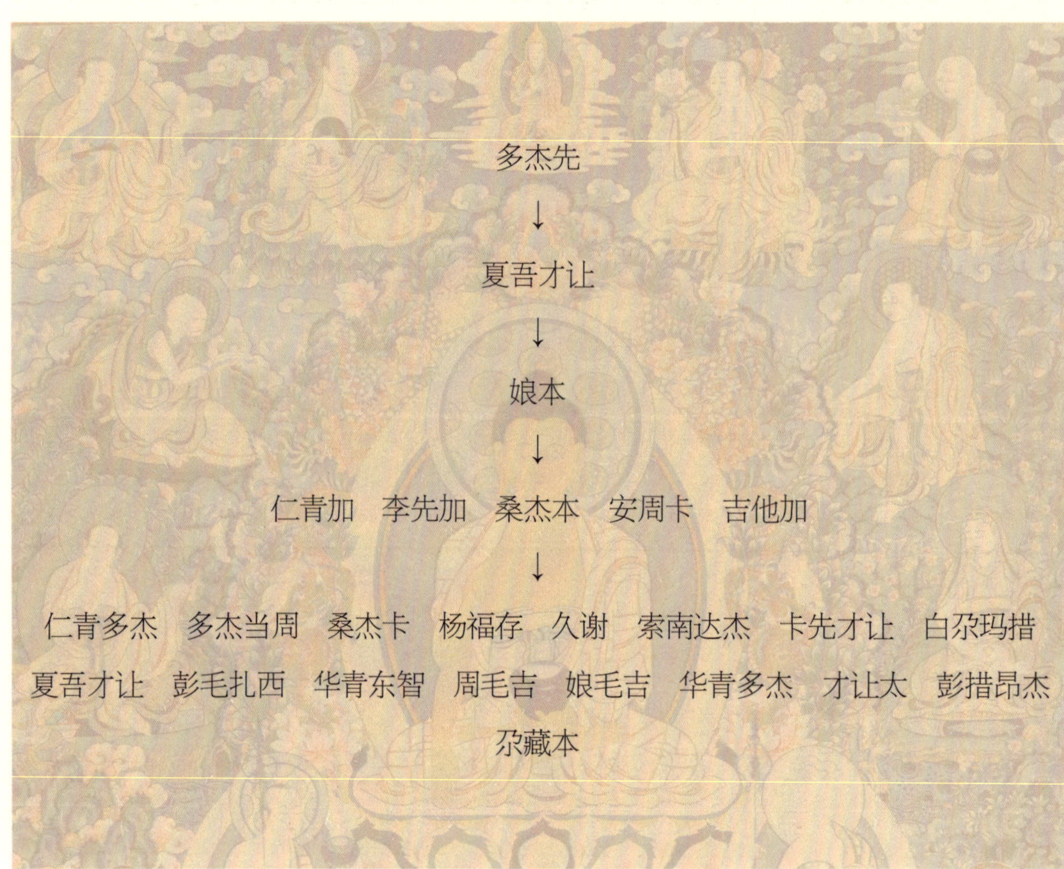

多杰先

↓

夏吾才让

↓

娘本

↓

仁青加　李先加　桑杰本　安周卡　吉他加

↓

仁青多杰　多杰当周　桑杰卡　杨福存　久谢　索南达杰　卡先才让　白尕玛措
夏吾才让　彭毛扎西　华青东智　周毛吉　娘毛吉　华青多杰　才让太　彭措昂杰
尕藏本

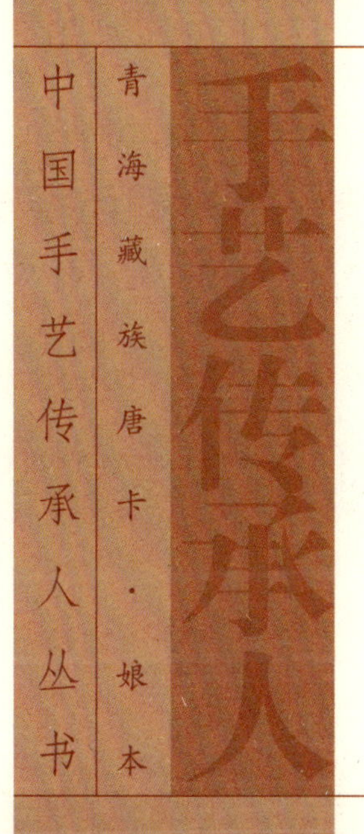

第四章

娘本的唐卡技艺

第一节 工艺类别

娘本的唐卡题材范围广泛，在作品品类上也涵盖众多。

唐卡根据制作工艺可分为“国唐”和“止唐”。国唐是指以彩色丝绢、布料拼缝，或以丝线织绣而成的唐卡。国唐大量使用各种颜色的绸布、丝绢、丝线制作，色彩艳丽有光泽，注重不同色块间的搭配和画面整体的协调性，视觉冲击力较强，多用于制作较大型的唐卡（图 4-1）。每年的西藏晒佛节中所展示的巨型唐卡就是国唐，“热贡艺术三绝”中的堆绣唐卡也属于国唐中的一种。止唐是手绘形式的，是艺人用各种矿物质颜料在布帛上画成的唐卡，绘制手法上线面结合，变化丰富，既能展现天地环境这类大面积题材的色彩搭配，又能细如游丝般地处理面部、衣饰、花纹等各种细节。由于止唐特殊的工艺性，可用于制作长度达 3 米、宽度 2 米的大型唐卡，也可用于绘制长 30 厘米、宽 20 厘米

图 4-1 丝绣唐卡《四臂观音》

的小型唐卡。大型国唐用布拼接成需要的尺寸后，贴裱在墙壁上进行绘制，因多用于寺院壁画，又叫作“间唐”（图 4-2）。

止唐依绘制使用的基色不同，又具体分为“彩唐”“红唐”“黑唐”和“金唐”。

彩唐，指以多种颜色搭配绘制成的彩色唐卡，技法比较丰富，制作工艺复杂，是热贡唐卡中最多、最主要的一种形式（图 4-3）。

红唐，指画面底色为红色的唐卡。制作上，先将大红和橘红混合成暖红的色调作为底色平涂在画布上，再在红底色上面勾画各种造型图案及花纹装饰。红唐一般以线条表现为主，色彩上以金色和深红色搭配为主（图 4-4）。

图 4-2　间唐《持国天王》

图 4-3　热贡彩唐《释迦牟尼与十八罗汉》

图 4-4　红唐《莲花生大师八大变化》局部

黑唐，同红唐一样，指底色为黑色的唐卡，绘画技法上也是以金线勾绘为主（图 4-5）。

金唐，指底色为金色的唐卡，是热贡唐卡中比较有特色的一种形式，能够很好地体现热贡唐卡丰富独特的用金技艺。金唐的底色用金汁涂成，画面形象以朱红勾画，再辅以刻金、刮金等用金技法，画面生动夺目，富丽堂皇（图 4-6）。

娘本介绍，传统的热贡唐卡大多是彩唐，随着技艺的发展和需求的增多，其他各种技艺绘制形式的唐卡逐渐繁多，体现出不同的工艺价值。金唐能够较好地展现热贡传统的贴金、刻金、勾金等多种用金技艺，黑唐、红唐能够突出线条的特色，能将热贡唐卡中极细致的拉线条工艺体现出来。现在的热贡唐卡艺人们常将多种技法结合起来，创造了新的表现形式。如彩绘与黑唐、金唐等结合，形成主体人物色彩丰富、背景完整的视觉效果；也有画面以手绘形式，配上当地的堆绣装裱，展现出了热贡唐卡艺人积极创新的时代特点（图 4-7、图 4-8）。现在常将唐卡称作“唐卡艺术”，但在藏传佛教文化里，唐卡并非现代意义上的“艺术品”，而是用于人们供奉的佛像，所以唐卡的制作和使用都须遵从严格的宗教仪轨要求。制作者与使用者都将它视作佛通过唐卡在世间呈现，对唐卡和绘制唐卡的手艺都要抱有崇敬的态度，不能任意地简化工序或是改变佛的形象。至今许多关于唐卡绘制和使用的习俗被保留下来，如画师要在作画前依据所要描绘的内容选定方位，并由上师给予加持，画师经过祈愿之后方可动笔；每天在开始作画前先要清洁沐浴，点灯熏香，煨桑诵经，结束时也要念经；唐卡绘制好后要拿到寺院里去开光，供奉唐卡需要悬挂起来并用布盖住，只有在朝拜等特定的时候才能打开（图 4-9）。

娘本要求学生们严格按照传统的绘制工序进行，学习上也是要按照工序流程一步步进行，以保证质量。师傅夏吾才让 30 多岁时绘制的唐卡作品，距今已有 60 年之久，依然色彩亮丽如新，与其他新完成的作品放在一起几乎看不出新旧的差别。当地人常说，在严格按照绘制流程和传统技艺下绘制的唐卡能够保持千年不变（图 4-10）。

图 4-5 黑唐《释迦牟尼与十八罗汉》

图 4-6 金唐《财宝天王》局部

图 4-7　彩唐与黑唐结合的唐卡《千手千眼观音》

图 4-8　配以堆绣装裱的彩唐《释迦牟尼讲经图》

图 4-9 用布遮盖的唐卡

图 4-10 夏吾才让早期作品色彩依然鲜艳如新

| 第二节 | 材料工具

一、唐卡的绘制工具

唐卡在制作工艺上属于手绘形式，最基本的用具由绘制工具、绘制材料、基底三部分组成，所以在作画前材料的准备上依次是绘画工具准备、颜料的制作和基底制作。在取材和加工制作的过程中，每一步都有严格的操作要求，这也是每个唐卡画师初学入门阶段的必修课。学生既要掌握正确的材料制作规范，又要在长时间对珍贵原料认真加工的过程中修习个人心性，以达到持久平和、物我化一的精神状态。当询问材料制作中哪一步最重要时，娘本毫不犹豫地回答：每一步都很重要。

好的工具是唐卡的绘制过程中必不可少的“利器”。娘本称，得心应手的绘画工具才能算得上是好工具。唐卡画师们就地取材，利用诸多天然原料自制画具，再使用这些画具将贵重的天然矿物颜料转化成各种神佛形象呈现在画布上。画师既是使用画具的造神者，又是寺院传统观念中使用画具完成个人修持的人。所以，吾屯的唐卡画师们对待画具的态度，已超越了普通意义上的工具价值观念，对得心应手的画具具有不可分割的情感，甚至会一代一代地由师傅传承给徒弟，画师们也会将自己常用的画具如勒则、玛瑙笔等随身携带。

1. 木炭笔

木炭笔是绘制唐卡时打稿阶段所使用的工具，以吾屯本地产的杨木和桦木制成。现在使用直接购买的木炭条画笔，因炭笔痕迹在底稿完成后最终要去除掉，因此对木炭笔的软硬度和附着力上有要求，所以唐卡画师们更喜欢使用自制的炭笔。传统的制作方法有两种：一是将木条去皮，裁成半尺左右的长度，放入铁管中，用泥将铁管两头封住后，放入炉火中烧三到四个小时，待没有烟雾冒出时，取出降温后即制成；一种是将裁好去皮的木条用布裹住，以铁丝缠紧，放入锟锅中烧三四个小时，再经降温后便可使用。自制的木炭笔软硬适度、易于修改，在起稿阶段如有需要修改的部位，用小木条轻轻敲打画面即可使炭灰掉落，以防使用橡皮等工具抹擦画面时损坏画布（图 4-11）。

2. 毛笔

毛笔是唐卡绘制中的主要绘画工具，以前艺人所用的毛笔多是自制而成。制作毛笔有许多讲究，毛取马毛、猫毛、羊毛和牦牛毛等。马毛笔吸水性强，既柔软又有弹性，用时着色均匀，适合涂色及晕染，毛以中年马脖鬃毛底下的毛为最佳。猫毛直长，硬度好且具有弹性，适用于勾线，以猫脊梁毛中的长直毛为宜。笔杆以吸水性强的柏木削制而成，可以吸收手汗，保持手部干燥。型质上需前端较粗逐渐变细，以使毛笔前重后轻、有分量，易于压笔。现在艺人们常使用买来的羊毫、狼毫及尼龙毛笔作画。

毛笔按用途分为涂色笔、染色笔和勾线笔（图 4-12）。

涂色笔一般使用三至四种大小不同的毛笔，在大面积颜色平涂时使用较大的圆头毛笔，相当于国画中四号笔的尺寸。在明暗处理和填涂小面积的色彩时，用稍小一些、相当于国画笔中三号尺寸的毛笔。处理人物脸部、眼睛等细小过渡处的色彩时，使用尺寸类似勾线笔但短毛的毛笔。

染色是热贡唐卡中的重要技艺，能够起到衔接色彩、过渡色彩和丰富画面层次的作用。染色笔的笔头一般较为扁平，多用羊、马、牦牛的软毛，有些形状类似于扁形的油画笔。

勾线是热贡唐卡绘制中的重要技艺，娴熟画师勾出的线条不仅轻盈细腻，而且细若游丝，因此对于勾线细笔的要求也十分严格。勾线笔一般需要三种，最常用的笔相

图 4-11　木炭笔

图 4-12　各类毛笔

当于国画工笔中使用的勾线蟹爪，墨线、金线的勾勒部分大多由此笔绘制。稍大一些的相当于工笔画中的勾线红毛，最小的勾线笔仅有两三根毛，在绘制饰物花纹、瞳孔等极细微的位置时使用。

3. 玛瑙笔

玛瑙笔是在唐卡刻金技艺时使用的工具。刻金是唐卡接近完成时，在已涂好金粉的部位用玛瑙笔或猫眼石笔勾刻出装饰金纹，也可通过刮刻将平涂的亚光金色部分进行抛光处理，形成不同光泽的装饰效果，是唐卡制作中的重要技艺。玛瑙笔以硬度较高、质地均匀的玛瑙块制成，将玛瑙块切成薄片状，将前端斜侧切后打磨即成。在使用过程中，可通过拉线时转动笔头而形成富有线条变化的暗纹效果（图 4-13）。

4. 勒则

“勒则”是作画时垫在手下的垫子，是画师在绘制过程中防止手出汗而浸染画面，以及手的摩擦对画面破坏的保护工具。勒则以一块衬垫缝上一条线绳组成，多以羊皮、狐狸皮、毛毡等包边制成。用时将线绳套于小指上即可。使用时将衬垫接触画面，一方面保护画面，另一方面也可起到描绘细节处时防止手打滑的作用（图 4-14）。

5. 头个

“头个”是艺人在唐卡起稿阶段取方用的工具，由线绳、颜料袋和矿物质色粉组成。将颜料袋中装入天然朱砂研磨成的色粉，将一段长约两米的粗线绳放入袋中，颜

图 4-13 玛瑙笔

图 4-14 “勒则”的使用

料袋一头系紧，另一头扎孔并使线绳穿过，使用时将线绳拉出即可。头个的作用与使用方法有点类似于木工取方用的墨斗（图 4–15）。

6. 圆规

圆规是定位和绘制佛光等圆形部分的工具（图 4–16）。

传统的圆规以一大一小的两段木条组成，小的木条固定在长木条上形成轴心，长木条前端绑上铅笔或炭笔即可使用，使用时可通过调整小木条来调节绘制所需的尺寸。现在一般使用商店买来的成品木制圆规。

二、唐卡的绘制材料

娘本介绍，热贡唐卡的颜料都是由各种名贵宝石、天然矿石、植物等加工提炼而成的，在取料加工与调制使用上，有着严格的操作要求，因此唐卡的颜色能够保存三百年以上，被誉为“千年不变”，这也是热贡唐卡之所以珍贵的原因之一。唐卡最基本的颜料有五种，分别是：白、石青、石绿、黄、朱红，被称作“唐卡五原色”（图 4–17）。

图 4–15 “头个”

图 4-16　木质圆规的使用

图 4-17　绘制唐卡的矿物颜料

1. 白

白色是唐卡中最常用的颜色，主要用于调和各种原色，调淡原色变至不同的色度，是调配各种色彩的基本用色。过去最好的白色是用象牙、珍珠磨粉制成的，因此又称作“牙白”“珍珠白”。吾屯的唐卡艺人以鹿角粉为最高档的白色原料，经胶、水混合后具有光亮洁白、细腻柔和的效果。鹿角粉在藏语中称“哈热温”，简称“白蛤”，原料取自自然脱落的鹿角烧制而成，烧制方法如同烧制炭笔。将选好的鹿角洗净，装入铁管中并用泥浆将铁管两端封住，后将铁管埋入土中烧，鹿角烧熟后呈纯白色，将其磨制成粉，便制成白蛤（图 4-18）。

2. 石青

石青呈深蓝色，以天然矿石提取加工而成。传统工艺中的藏青原料是产自西藏尼木县和四川甲绒地区的矿石，这种矿石在加工后可分离产生出石青、石绿两种颜色。加工方法是将矿石敲碎并用石磨磨制成粉末状，后放入陶瓷容器中兑水煎熬。煎熬时在水中滴入几滴植物油，煎熬完成后漂浮在水面上的是石绿，沉在底部的是石青。使用前可将颜料在石踏窝中加清水湿磨五至六天，经自然沉淀后由石踏窝底至表面依次是：头青、二青、三青、淡青四种深浅不同的石青色。吾屯地区最昂贵的蓝色以宝石磨粉制成，磨制方法如同上面所述，是将宝石原料敲碎后用石踏窝磨制成粉末状，用纱布或棉布过滤出杂质后即制成宝石粉。使用前同样需要加清水湿磨，但只取中间部分作为可用的颜料，漂浮在水面上的与沉入罐底的不使用，可收集后再次湿磨至可使用原料。将磨好的中间部分的颜料晒干后即制成石青色粉（图 4–19）。

3. 石绿

石绿为青绿色颜料，在传统工艺中多以绿松石磨制而成。吾屯使用的石绿以德国进口的一种土发酵制成，颜色呈浅绿色，色泽鲜亮精美。娘本介绍，这种德国的绿色自清朝起已开始使用，但毒性较大，用时需要注意。另一种称作“锈”，制作方法是选择潮湿的土地挖坑，后将黄铜片放入地坑中埋好，过一年后挖出，铜片长期受潮而产生的灰草绿色铜锈，便是这种绿色的原料。后经提取、研磨、过滤加工，便产生灰草绿色的色粉。因两种绿色颜料毒性较大，现常用西藏地区的方法，即以西藏尼木县和四川甲绒地区产的矿石原料分离制成石青、石绿（图 4–20）。

4. 黄

唐卡颜料中的黄色偏暖，介于黄色与橙色之间，传统工艺中黄色取自印度河产的一种天然矿石中，因此又名“印度黄丹”。吾屯唐卡艺人以一种名为“巴拉石”的天然矿石提取黄色，因颜料取自矿石，黄色又称“黄石”（图 4–21）。巴拉石产自西藏和甘肃，本身是黄色的石头，只需在水中浸泡便可产生黄色，再经晾晒、研磨、过滤后即可得到黄色色粉。色粉可在研磨过程中由于使用的力度不同，产生不同深浅效果的黄色（图 4–22）。

5. 朱红

朱红是用我国内地和印度产的朱砂磨制加工而成的，亦称朱砂。传统工艺制成的朱砂见光后容易变色，在不使用的时候需将色粉用黑纸包裹起来。现在的吾屯画师们常用名为“土丹”的红色颜料，是由一种天然红土经复杂工艺磨制加工而成的，多用于绘制佛像袈裟、衣服的红色部分。在娘本的热贡画院里，使用产自内地的朱砂、西藏的朱砂、台湾的红珊瑚，经研磨加工制成不同种类的红色颜料（图 4–23 ~ 图 4–25）。

其他常用材料：

6. 黑色

传统工艺中的黑色是用油灯渣子或用青油松皮制成的墨。现吾屯地区一般都用内地产的国画材料中的墨汁和墨块（图 4–26）。

图 4-18 “白蛤”

图 4-19 石青

图 4-20 石绿

图 4-21 “巴拉石”

图 4-22 黄

图 4-23 朱红

图 4-24 朱砂

图 4-25 红珊瑚

图 4-26　成品墨汁和金箔

7. 金

用金工艺是吾屯唐卡中的重要制作工艺，金色以内地购买来的纯金箔制成。先将金箔细细磨碎成金粉状，后在金粉中点胶，并用手指压磨，再经过滤后得到金汤。将金汤放在碗中蒸 20 分钟左右，可得粗、细两种金汁，沉在碗底的为粗金汁，漂在上面的为细金汁。热贡唐卡中大量丰富精美的用金技艺，不仅提升了唐卡的艺术效果，也使得其价值大为提高。据仁青加介绍，一般一百张金箔为一克金，一幅小型热贡唐卡会用到上百张金箔，而大型的唐卡则会用到几百甚至上千张金箔（图 4-27）。

唐卡颜料的加工工艺复杂，取料多为天然矿物质，所以具有保存时间长、长久不变色的特点。总的来看，制作工艺以取料、研磨、过滤、兑胶为基本工序，几大步骤依次进行，最终制成纯净细腻、色彩鲜亮的矿物质颜料。在制作方法上，吾屯的唐卡艺人继承了先辈们留传下来的经验总结，又适时适地取材制作。但最根本的原则是选择天然形成的矿物质、动植物、金银等贵重材料，所以唐卡的色彩具有较强的稳定性和不易变色、褪色的优点。在技艺传承上，学习制作各种颜料也是学习唐卡的必修课程之一。在娘本的画院里，新的学徒要从研磨原料开始学起，逐步掌握加工制作各种

图 4-27　以金箔制成的金汁

颜料的技艺，师傅随时指导各个阶段需要注意的工艺要领。但近几年来，由于有些原材料因逐渐稀少而价高，市面上出现了以次充好的化工颜料。娘本在自己的黄南画院里建立了唐卡材料的储藏、研究室，大量储备了制作唐卡的各种原材料，材料由各地购买而来，如德国产的石绿，西藏和内地产的不同的朱砂、台湾产的红珊瑚、浙江的金箔等，艺人们也常会来画院购买各种市面上较难找到的原料（图 4-28）。

三、唐卡的基底制作

基底的制作材料：

1. 画布

绘制唐卡所使用的基底大都为布面材料，材质上有纯亚麻、纯棉和棉麻混纺等几类。唐卡绘制精细，要求制作基底的布料不宜过粗过厚，需要质地细腻、布纹均匀的天然织物。以前我国藏族聚居区布料较少，只有拉萨、林芝、山南、日喀则等地区出产的手工棉麻混纺布料，缺点是质地不均，而纯亚麻布料虽具有收缩性小的优点，但

图 4-28 磨制颜料的学徒

较为粗厚的质地也不利于唐卡细致描绘的要求。近代由我国内地和印度、尼泊尔等国出产的质地较好的布料进入藏族聚居区，极大地促进了唐卡的发展。现在热贡地区的唐卡艺人大都使用布纹细腻的白色纯棉布料，此种布料由于质地均匀、柔韧适度，利于加工和绘制过程中铺色勾线的运笔，并在储藏展示中易于卷曲，已成为当今热贡唐卡的首选画布（图 4-29）。

2. 绷线

绷线又称“将什固”，以麻线搓制而成，后逐渐出现棉制绷线，现在也有用市面上出售的化学类尼龙线绳，但有弹性，日晒后容易松垮（图 4-30）。

3. 画框

唐卡在绘制时需将画布绷于方形的框架上，框架常以木质或铁质的长方体线条拼接制作而成。传统的画框是以桦树和杨树木料制成的木质双层结构框架组成，即外层以较大的四根长方体木条以套格结构拼接组合成与画面等比例并大于画面的方框，内层则用四根手指粗细的木棍或铁丝直接均匀缝在定好尺寸的画布四周，最后用稍粗的绷线将大小两框相连，形成双框结构的绷框。以这种双层结构绷成的画布具有布边挺直、收缩性弱等优点，能够使布纹完全撑开以利于涂底时胶液的均匀渗透和保持画面的平整。现在多是使用较为简便的单层绷框，即省去内框，直接将画布绷于外框上，但要先将画布锁边，在绷布过程中需较为均匀地用力将画布绷于框上，以使其平整。还有一种在吾屯地区出售的铁质成品画框，是当今唐卡画师们常用的绷框（图 4-31、图 4-32）。

4. 白粉

白粉和骨胶是制作唐卡画布基底底浆的材料，传统工艺常用白石粉和骨胶制作底浆，白石粉以白石制成，白石在当地俗称“慈疙子”，产自甘肃甘南藏族自治州境内临潭县地区，藏语称此地为“哇泽”，热贡的尕撒尔山上也有类似白石。将白石采来洗净后放入强火中烧，待石头烧透后即可研磨成白石粉。现在的画师习惯使用商店里购买的成品白石膏粉，一方面粉质相对均匀细腻，又省去采石磨粉的费时

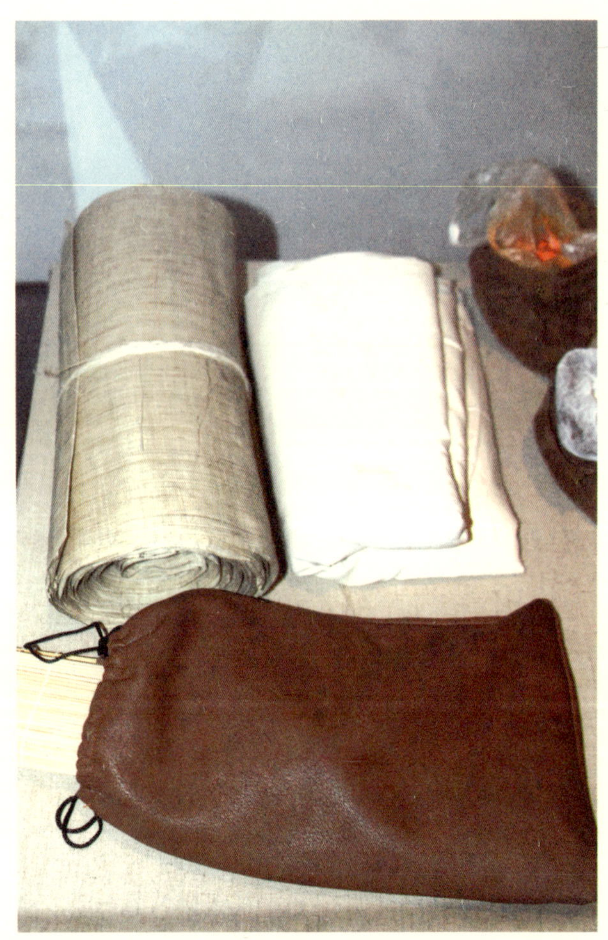

图 4-29　各种面料的画布

图 4-30　麻质绷线

图 4-31　木质画框

费力（图 4-33）。

5. 骨胶

骨胶是用牛骨熬制而成的，因牛骨胶具有较好的柔韧性和坚固性，是比较理想的制作唐卡画底胶液的材料。在吾屯可买到呈琥珀色颗粒状的成品牛骨胶，但在用于画布上胶前需对成品骨胶进行加工。先将骨胶用清水浸泡，待胶粒吸水发泡后，隔水加热熬制成黏稠的胶液，再经过滤后倒入木盘里晒干。此时的骨胶即可在做底时加工使用（图 4-34）。

基底的制作工艺：

吾屯的唐卡画师们在习承传统绘制的经验基础上，结合时代的技术发展，审慎地变革着唐卡的绘制技艺，一方面最大限度地保存着集体智慧的手艺传统，另一方面也在适时地、微妙地改造着唐卡绘制的材料、技术工艺。传统的木质结构画框逐渐被

图 4-32 使用铁质画框作画的艺人

图 4-33 白粉和骨胶

图 4-34 骨胶颗粒

金属画框替换，较之前具有不易变形等优点。以前需画师自己取料制作的底浆材料，也逐渐被现在生产的较为质优便捷的成品白粉和石膏粉材料代替。吾屯地区“家家作画”这种相对集中的绘画生态和“开门纳徒”的习承传统，使技艺的革新很快便能横向地传播开来。又由于集体的经验智慧，每一次的工艺技术变化都能经过全村从艺人员的集体检验。制作过程中传承与创新的每一步都有着集约化的操作规范，并直接影响着绘制完成后的画面效果和保存时长。

唐卡基底的制作流程依次为绷布、上浆、磨布三个步骤。

第一步：绷布。

娘本强调，画布是唐卡绘制的基底，既要承载（图4-35）各色矿物颜料，又要经过长时间的绘制周期，还要在完成后的保存中经历卷曲、悬挂等过程，因此在将画布绷至画框之前对用于画布的原布材料进行加工，是好的唐卡制作的第一步。

娘本的弟子展示了制作画布的整个流程，在将画布绷于画框之前，先要对布料进行基本的加工。裁好画布，在实际所需画面尺寸的基础上向外预留五至十厘米的距离，作为绷线穿入时的使用空间，以便在将画布绷至画框时不影响画面的实际完成尺寸。再将画布在清水中漂洗一遍、晾干，让布缩水、布纤维松弛，以使布纹在绷框时能够完全撑开，减小以后在唐卡绘制保存中随湿度、温度的变化产生的变形。然后将画布用针线包边，四边折叠约两厘米，将布边缘的线头锁住，目的是使画布在加工绘制中不易抽线松垮，也可使绷线和画布间的拉力更加吃紧。将加工好的画布绷于符合尺寸的画框之内，画框的大小一般比画布尺寸大，但以不超过十厘米为宜，框与画布以绷线相连接。首先，取四段长短相等的绷线分别将画布四角用力绷于画框中央部位固定画布，注意四角绷直，以使画布完全伸展。其次，将画布边缘以“之”字形均匀穿入绷线，逐次将绷线对称缠绕于框上。此步骤绷线的间距一般以十厘米为单位，注意绷线穿插于布边以内，四边绷线的间距相等，一次次力度均匀地拉紧绷线，以使画布能够受力均匀、不易变形、易于上胶。检验绷线的松紧程度，以细木棍敲击布面时画布上下抖动、手指轻按布面时布面能迅速收回并依然平整为准。将画布绷好后即可进行上胶、涂浆、打磨等制作画底的过程，但在制作过程中会使布面变松，需在画布完全制作完成后将布打湿重新拉紧调整，使布面进一步绷紧（图4-36）。

第二步：上浆。

在画布绷好后，开始对画布进行上浆的制底处理。上浆的工序一般分为上胶和上底浆两大部分，先以胶液平刷于画布，待干后再用自制的底料涂刷，以制成适合承载

图 4-35 绷布

图 4-36 绷好的画布边角

矿物颜料的画面基底部分。传统工艺一般常用西藏地区的方法，即以青稞酒内加入少量胶制成的胶液，在画布正面均匀涂刷一遍，再以规定比例的白石粉兑胶液制成的糊状底料，用柔软的碎布头揉成团状均匀地涂刷于画布正反两面。以青稞酒制成胶液，目的是使胶能完全渗入布纤维中，且酒精挥发较快，能够使胶液散布均匀并缩短了晾干的时间。现在则常用牛骨胶兑水加热后制作胶液，以白粉兑水制作底浆，用布团或宽平的软毛板刷涂刷画布。

将过滤加工好的骨胶兑水加温熬制，在熬制的过程中不断加水调和，熬好后用手指蘸微量胶液轻抹于手臂内侧以试黏性，刚好能拉出胶丝的胶液为软硬适度。如过于黏稠，说明胶液熬制得太软，完成后的唐卡会出现色泽灰暗、颜料日久脱落的情况；如过于稀薄，说明胶液熬制得太硬，易在上色时出现颜色开裂的状况。待熬制好的胶液晾至微凉但未凝固的时候，用小木棍将胶液搅匀，再用软布团蘸胶液以磨圆团的形式均匀地涂刷在画布正反两面，放置晒干后再按此步骤涂刷一遍，即完成了上胶的程序（图 4-37）。

待胶液晾干后，开始对画布进行上底浆的处理。底浆料以现在买来的白粉为原料兑水调制成，在调制过程中一边用小木棍搅拌一边适量加水，搅拌过程中白粉发起成糊状。要注意快速搅拌，速度越快，白粉发得越快越均匀，如果速度太慢则易成坨，以致无法使用。一般一碗干白粉兑水后可制成六至七碗底浆，底料的黏稠度以酸奶状为标准，如果太稠则容易开裂剥落，而太稀则压不住布纹，可用小木棍挑起浆料来检验黏稠度，只要能黏在木棍上即可。将制好的底浆用布团均匀涂刷在画布正反两面，现在也常用猪鬃板刷，按经纬度平刷，涂刷时注意不宜过厚，刷平即可。涂刷后将画布举过头顶，对光检验底料的均匀程度，如发现有透光的缝隙，可用小毛笔蘸少量底浆填刷。现在也有艺人在白粉中加入矿物色粉调制成有色底料，以制成有色画底（图 4-38）。

第三步：磨布。

待上好浆的画布晾干后，对画布进行最后的磨制处理。磨布时将画布用水打湿并放置在硬质木板上，喷水时要注意水量，以湿透画布并不粘在木板上为准。过湿容易使画布粘在木板上，过干易使画底细微的气孔堵塞，不利于日后绘制时颜色的吸附。一般第一次喷水相对多一些，后逐渐减少。用粗磨石以经纬度由上至下、由左至右均匀地平磨画面，磨完一面后晒干画布，再磨另一面。重复此步骤两至三遍后，用稍细的磨石同样平磨一至两遍即完成。磨布时要注意把大的布面以五寸的平方为单位局部

图 4-37　上胶

图 4-38　调制底浆

湿水打磨，因为水干的速度较快，不宜整个布面同时进行。画布背面在湿磨完成后还要干磨一遍，而正面只能湿磨，以利于颜料和画布很好地衔接。磨制过程中要检查并去除画布中的线头和残留的胶粒等杂质，避免损坏画布。每次打磨后，画布会因拉扯变大，应再均匀地拉紧绷线调整。打磨过程结束后，将绷线拆开后再紧绷一遍，整个画底的制作工序便完成。

磨布在传统工艺中常使用大海螺、大玛瑙，现在多用粗细不同的石头，吾屯的画师们称磨石为“多”，喜爱用隆务河边挑拣来的石头。因经过河水常年冲刷，石头表面较为光滑细腻。现也常将瓷碗倒扣在布面上以碗边来磨（图 4-39、图 4-40）。

画布制作工序的严格与否与唐卡的质量有着直接联系，艺人在学习唐卡绘画之初都要掌握画底的制作，好的制底技艺也需经过师傅的口传心授和长期实践的经验积累才能养成，每一步的操作都与前后的步骤紧密相连，而对细微细节的重视也往往起到关键的作用。

图 4-39　磨布

图 4-40　仁青加展示磨石

第三节 工艺流程

娘本认为，在画唐卡的过程中每一步都很重要，每一阶段都与下一阶段相联系，而在学习画唐卡的过程中，“两头”最难学，即起稿阶段和收尾阶段。因为起稿时就要明确画面的整体效果，要将经文中的内容转化为自己的想象，以精美的绘画形式展现出来。起了稿就等于定了位，在此基础上再进行铺色和晕染。起稿相当于搭起了一幅唐卡的框架，框架没有搭建好的话，后面画得再出色也不能是一幅成功的作品。在收尾阶段最重要的是“开脸”，就是指对五官部位的描绘。每一位佛、菩萨、护法甚至动物等都有自己的相貌特征，既要会描绘每一位佛的样子，又要能表达出佛内在的慈祥，就是要通过脸相将不同佛的精神状态传达出来。正如通过五官可以感觉到不同人内在的气质，如果画唐卡能达到通过五官的描绘传达出佛内在的精神状态，是艺人具备了高超手艺的最佳证明。一幅大型唐卡由于工序复杂，历时周期长，往往需要师傅和徒弟共同完成，但在最初的起稿和最后的开脸上，必须由师傅个人独立完成。因为这些能够反映出师傅的个人风格特点，是热贡唐卡中被视作个人作品的重要标志。热贡唐卡的绘制流程包括起稿、涂色、染色、拉线条、开脸五部分，五个部分依次进行。

1. 起稿

将画布、画笔、颜料等绘制唐卡的工具和材料准备好后，即可进行唐卡的绘制部分。起稿，是唐卡工序中绘画部分的第一阶段，也是绘画过程中较为关键的一步，在起稿阶段就要体现和确立唐卡完成时整体的构图、比例、形象、造型等元素，接下来的上色、勾线等步骤都要在此基础上完成，因此必须以娴熟的技艺和严谨的态度来对待。学生们在掌握了材料加工、画布、颜料制作以后，便要开始长达一两年起稿部分的学习，但往往经过学习后，在绘制唐卡作品时的起稿部分仍要由师傅修改、指导完成。娘本认为，经过对度量经不断地背诵和练习，基本都能掌握佛像的比例标准，但佛造像上饱满、安详的美感，却需要对线条掌握的娴熟和眼力的不断提高才能达到，有的画师可能从艺多年，已具备了完善的绘制技巧，但画出来的佛像却始终不太完美。所以培养造型的审美能力，也是从艺中的关键部分，不但要通过学习度量经来记住佛身的各种比例和构图原则，还要去体会各种佛、菩萨的相貌气质。吾屯的艺人们从底稿就能看出一幅唐卡是出自哪位画师之手。唐卡在起稿阶段，虽然构图和比例上要严格按照规范进行，但对于技艺的精湛和造像的美感，却能体现出艺人们艺术水平的高低来（图 4-41～图 4-43）。

第一步：打基线。

起稿之前先要在已制成的空白画布上进行定位，将整体的画面布局及各个部分的具体位置，以线的形式确定，这一步骤称作“打基线”。首先，用“头个”连接画面的左上角与右下角，弹出直线，再依次连接右上角与左下角，得到相交叉的两条对角线。两条对角线的交叉点，即为画布的中点。再按需要尺寸弹出画布的四条边线，形成需要绘制的画面。以画布中点为准，弹出竖中线与横中线，画面被分成上下左右相等的四块。中点至四角的距离相等，得到四条相等线段，用圆规将每条线段均分成两份取中点，可在画面中得到四个点。用“头个”沿四点弹出横竖四条直线，画面被分成 16 个相等的方格，画面的打基线部分完成。不同内容、不同佛数量的画面会有各自的大小比例要求，但在后面的起稿布局中，都以此 16 格的画面为

图 4-41　娘本起稿

图 4-42 起稿所用的工具

图 4-43 完成的《四臂观音》底稿

基准（图 4-44）。

第二步：画草图。

基线打好以后，用炭笔来描绘唐卡的草稿部分。开始要按照所绘制的唐卡内容合理安排画面，此阶段十分重要，直接影响到后面的绘制。先依照所画的内容结合画面的大小合理布局，再按度量经要求，准确画出各个佛像的比例动态、形体特征和背景装饰等，最后用较细的毛笔或铅笔将线稿部分描画具体，以确定将要上色绘制的各个部位。娘本在谈到绘制唐卡时提到，起稿时画面的整体布局很重要，主佛和次佛哪一个地方画得不好看都会影响整个的画面。因此主体佛身的位置、比例与其他佛身之间、佛身与背景之间的关系都要考虑周全（图 4-45）。

图 4-44　基线图

图 4-45　画草图

用炭笔在画面中勾出几个长圆形轮廓，标示主佛及其他各佛的佛身位置和比例关系。在这一部分，主要观察画面中大的布局，通过调整圆形的大小、位置以及各个圆形之间的距离和比例等，来建构画面的整体构图。主佛居中，画面中心点即为主体佛身的中点，以中间四格为坐标画出圆形确定主佛的高度和宽度。再按画面内容所要绘制的佛身数量，在其他各个佛像、菩萨、上师护法神等的位置画圆，此步骤按照由上至下、由左至右的原则依次画出。娘本说，这一步要做到严格准确，如安排不当应立即修改调整，因为在起线稿时，局部可以不断调整，但各佛身的位置和大小很难再次修改，所以在打轮廓时就要做到心中有数。

接下来从主佛开始，描绘出各个佛身的具体形象，描绘时以由主到次、由上至下的次序进行。先按照度量经的比例标准，在主佛的位置定出坐标点，再用较概括的长线勾勒佛像的大轮廓。勾画时注意佛身动态，如正面佛类像的中线以画面中竖线为准，斜身佛类像的头部由中竖线向左为准。勾勒出大轮廓后，将佛像的衣服画出（图 4–46 ~ 图 4–48）。在画衣饰时同样遵循由大到小的原则，并注意线条的流畅及饱满。既要用线条体现出衣物的质感，又要表达出衣服附着于身体的包裹感。然后将佛像的五官、衣纹、法器和饰物等依次用线勾画出来。勾画时要注意线条的轻重变化，能够体现佛身形体、动态的线和大片衣服的边线勾画稍粗重一些，细小处勾画轻细一些。

最后按各个佛身的关系描绘背景，背景按照由天至地的次序来画。热贡唐卡的背景处理较为复杂，景物、人物众多，色彩斑斓。在许多复杂构图的唐卡作品中，背景的处理上虽然细节繁多，但十分巧妙，常用云纹、叶纹将画面中的各个部分区分开，却又能通过云朵、树叶将各个部分整体连接。在佛像较少的画面中，背景常处理成一个整体的场景，上天下地，由远及近，画中主体佛像的飘带饰物、法器花叶的曲线，又和背景中的云纹、水纹在形式上巧妙相连。因此在描画背景草图时，也要充分考虑到与前景之间的疏密关系以及线条形式上的呼应关系，做到前后左右、主次之间既有区别又能统一，在变化中寻和谐，在和谐中求变化。

第三步：定线稿。

当画面的所有部分都用炭笔描画出来以后，用小号勾线笔细致地勾出线稿，以最终确定精细的画面线稿图。现常用很细的自动铅笔勾画线稿，相较于毛笔更加精细，易于把控。勾线稿的次序与画草稿的次序基本一样，也是按照主次、上下等的顺序进行的。勾线稿时尽量做到精确肯定，如发现炭笔稿部分有需要改动的地方，可继续做调整，也可将草稿中不够精确、细致的地方继续丰富刻画。线稿勾画完后，用小木棍

图 4-46　佛像类

图 4-47　菩萨类

图 4-48 金刚类

将木炭灰弹掉，再用干的炒面粉覆盖画面，将画面中的炭笔痕残留全部吸附掉，去除面粉后画面上只留下了清晰的线稿，起稿部分即已全部完成（图4-49）。

起稿部分总体来看是按照由主到次、由大到小、由上到下、由左至右的顺序画。这样既能合理安排画面中各部分间的关系，又能避免手在描绘过程中把已画好的部分抹脏。此阶段也可带上“勒则”，修改时用小木棍轻敲画面，将木炭灰弹掉后就可继续描绘。当基线确立好以后，以圆形轮廓线来布置构图，构图时既要考虑到主佛与其他佛身的联系，也要注意各个佛身与主佛、与周围物品间的联系，达到整体协调、局部精彩的画面效果。绘制尺寸较大的唐卡时，也是按照上面叙述的方法起稿，只需将基线分得更细一些，小佛身与周围的更小的人物按上述布局方法构图即可。

2. 涂色

线稿定好后进行唐卡绘制流程中的第二大阶段——上色。上色分为涂色和晕染两大部分，涂色是在已描好的线底稿上将每个部位的固有色彩填涂上，晕染是将画面进一步深入，在固有色的基础上通过染色的技法表现过渡、体感、质感等具体因素。在色彩的绘制方面娘本认为，涂色和晕染也是紧密相关的，如果涂色时色彩关系和颜料的使用上没有把握好，也将直接影响到后面的染色，严重时甚至会使许多程序无法进行，所以在涂色阶段就要对颜料的浓度、胶液的配比、笔法的运用、上色的速度都掌

图4-49 定线稿

握熟练准确的技巧（图 4-50）。

此阶段娘本强调，同起稿一样，唐卡的涂色部分也有绘制次序上的要求。涂色的次序依由上到下、先大后小、先背景后人物、先冷色后暖色的顺序原则来进行，切不可混淆和颠倒，更不能随意地发挥，只有坚持艺人们千百年来总结的经验，才能绘制出色彩华丽、持久鲜艳的唐卡来。此阶段对毛笔也有一定的要求，铺色笔一般使用软毛大号笔，涂绘人物、饰物等小面积的颜色时使用软毛的中小号笔。每一支毛笔只能使用一种颜色，如混淆使用则因降低颜料纯度而导致色彩变灰。

在学习上色部分时，不像起稿阶段有度量经为具体的参照，只能由师傅一点一点地去教，学生再结合艺人们总结下来的各种艺诀，按画经上的文字要求和个人对色彩的理解，逐步体会。教的过程中，老师会将每一部分的色彩用文字标注到线稿上，并不断地展示涂色的技艺要领，但仍有许多学生需要很长时间才能掌握。娘本的弟子仁青加曾开玩笑地说："上颜色不像打草稿那样有度量经，需要一遍一遍地教，每一个颜色、每一部分、每一点都得教，有的学生几遍、几十遍都不管用，不知道说多少遍才能记住。"虽然唐卡色彩的搭配与制作都有严格的程序和要求，但对色彩的学习仍有许多感性成分，比如有的学生一学就能很好地掌握，还能表现得特别好看，老师会

图 4-50　上色

称这些学生是感觉好的。而且除了主佛、菩萨、护法和背景等部位的色彩有规律可循之外，许多地方如天女的服装、饰物等色彩需要自己主观地进行搭配，因此对于色彩部分的学习，也需要较为敏锐的色彩感受力。哪怕是同一种颜色，往往不同的人会调配出不同的色彩效果，传达出不同的个人特色。

第一步：调制颜料。

在涂色之前，先要将研磨好的矿物质颜料进行调制才能使用。将颜料粉盛入茶碗中，兑骨胶液用小木棍干揉，揉的过程中兑水，要保持匀速慢揉逐渐加水。将颜料揉至恰能黏在木棍上时，将茶碗加热，温度保持在 40 度左右，不宜过高或过低。加热后较轻的浮料漂在水面，较重的粗料沉于碗底。将颜料放置一晚后，剥去表皮，取茶碗中段的颜料为可使用的颜色。将取出的颜料放置在新的茶碗中，每次作画前还要经加热搅拌才能使用。加热搅拌后的颜料能够与胶液更好地融合，画出来的色彩具有光润的效果（图 4−51～图 4−53）。

在每种颜色涂到画面上之前，要用毛笔蘸色在画布边缘涂画一小块，用来测试颜料的浓淡和均匀程度，并且在后面的绘制过程里，可以起到各种底色及固有色色标的作用（图 4−54、图 4−55）。

图 4−51　调颜料

图 4-52-1　调颜料

图 4-52-2　调颜料

图 4-52-3　调制颜料过程

图 4-52-4　调制颜料过程

图 4-53　各种调制好的矿物颜料

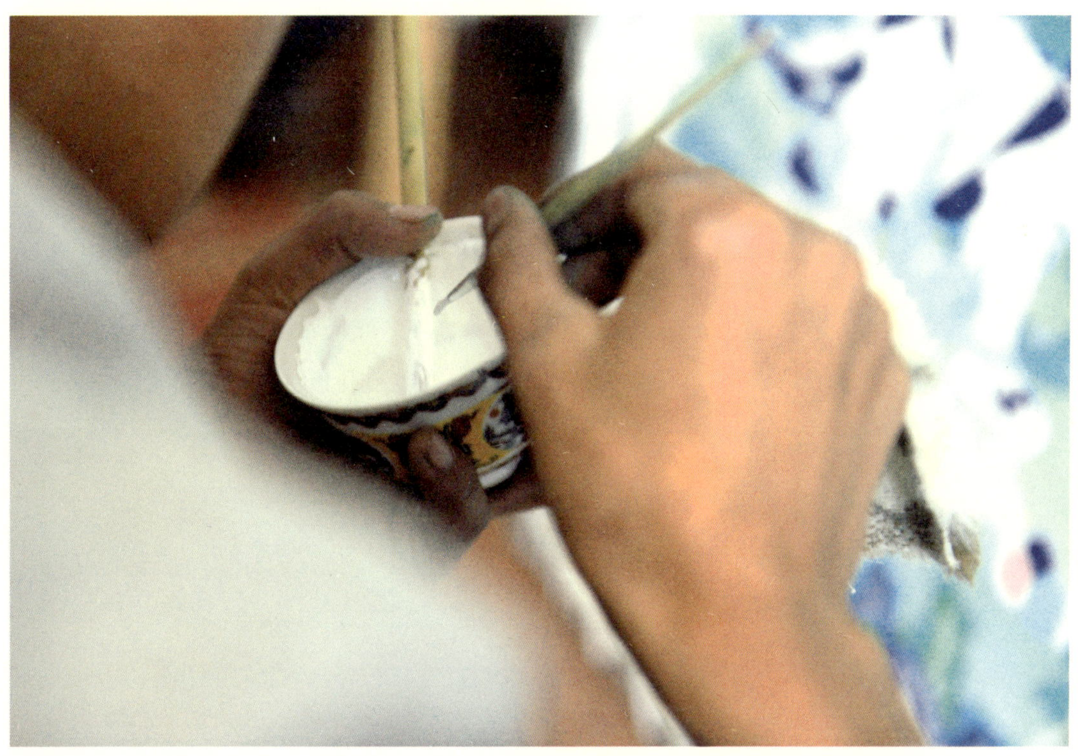

图 4-54　蘸颜色

图 4-55　试颜色

第二步：涂色。

唐卡的涂色原则是由冷色至暖色、由背景至人物，人物皮肤、脸部的颜色最后上，这样的涂色顺序也符合唐卡颜料的特性。因为热贡唐卡背景的基调一般为蓝绿色的冷色，而红、黄、白等暖色多用在人物身上，白色、红色最易串染上别的颜色，所以要先铺冷色。用大号毛笔从天空开始涂色，天空部分往往在背景中面积较大，因此先要将天空用石青薄薄平铺两到三遍，笔法上用笔锋横铺，以使颜色均匀。每一遍上色时要等上一遍微干，避免上下层颜料的混合。再用石绿上大地的颜色，技法上按照铺天空色的方法。将天地画完以后，由左到右依次画出云、山、水、石等背景和前景部分的冷色，此时应注意每部分不同固有色之间的明度关系，既保持背景色调上的统一，又能合理地区分各部分之间的层次。如果某些部分要处理成过渡变化明显的效果，可在涂色时用晕染的方法铺出渐变。按由左到右的顺序铺出红、黄等暖色，白色和金色部分留白，涂色阶段基本完成。涂色时注意要一遍一遍地涂颜色，每一遍都要涂得快而薄，如果太慢的话容易使颜色在画布上形成坨，不均匀。涂小面积的颜色时，先把边压一下再涂里面，能够使颜色涂得平整不外溢（图 4–56、图 4–57）。

娘本讲解说："因为矿物质颜料比较浓，涂色讲究很平、很光滑，画的时候慢一点的话会在布上形成疤结，薄厚不均匀，所以在涂色时要整体地涂，用横扫的笔法边涂边将颜料拉开，这样涂的话会更加均匀。涂色均匀是很关键的，后面拉金线时不会挡，要看起来整个颜色是一片的，如果涂得不快的话，一步跟不上，颜色就会起棱。"

3. 染色

在大面积铺色完成后，开始进入唐卡的深入阶段，染色是唐卡在深入绘制时的主要技艺，按功能可分为明暗分染、平染与湿染，按技法分为点染、梳染和晕染。明暗分染为直接染出由重至轻的色彩变化，可以用来体现渐淡融合、颜色升腾的视觉效果。平染是多次淡染逐渐加深颜色，最后晕染重色，多表现天空、云朵、花朵、枝叶等较为轻盈透气的部分。湿染是将浓淡两种颜色一次混染成型，使两色相融，多表现明暗分由两种色彩形成的物品，由于一次成型，湿染法也适合于间唐等较为大型的唐卡绘制（图 4–58）。

从技法上来看，一般使用点染刻画更加具体的颜色，梳染是以由下往上的笔法来描绘质感较强的部分，晕染可以用来表现物体的体积感、层次感。

染色按照从左到右、先深后浅的顺序原则进行，这样可以防止深色干扰浅色，保持浅色的洁净。佛经在染色的顺序上也有规定，比如先染袈裟再染皮肤，等等。染色

图 4-56　涂色阶段的唐卡

图 4-57　涂色过程

图 4-58　染色阶段的唐卡

使用较软的羊毫毛笔，笔尖沾色轻点画面，有时为了色彩衔接自然可以用笔锋轻轻扫涂。染色时切忌心急，要注意由淡到重多次进行。染色过程中艺人会不断用口水湿润画笔使颜色变淡，一遍遍慢慢完成，来达到色彩过渡自然的效果。唐卡艺人在晕染过程中使用口水减淡颜色，这种方式使藏传佛教地区的人们认为，一幅唐卡中也蕴含了绘制者身体中的一部分，因此对唐卡艺人的道德和宗教规范方面要有严格的要求。比如画师必须带着崇敬的心态去作画，作画过程中要在心中默念相关的经文，不能吸烟喝酒，在唐卡的绘制阶段内不能吃葱姜蒜等口味重的食物（图 4-59）。

染色阶段娘本讲道："晕染要每一层每一层地染，先把淡的染出来，淡的染出来以后，浓的是一次、两次、三次、四次、五次……做上去的，这样层次感才能上来。下边深的一放的话，淡的就出不来了。先淡的做、层层做，最后出来深的，那种均匀的过渡很精美的感觉才能出来。有些效果是十几次、几十次地做出来的，不可能一次就出来，尤其是矿物质颜料，很不好过渡，只有很多次地晕染，才能出来很漂亮的过渡（图 4-60、图 4-61）。"

图 4-59　晕染中使用口水减淡颜色

图 4-60-1

图 4-60-2

图 4-60-3

图 4-60-4

图 4-61-1

图 4-61-2

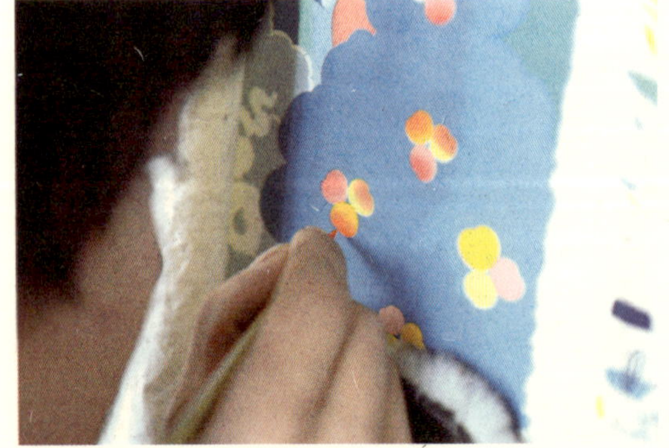
图 4-61-3

4. 拉线条

在涂色、染色等敷色工艺完成后，画面上已看不到画布的底色，唐卡基本的面貌能够展现出来，接下来需要进入深入和精加工阶段。娘本介绍，热贡唐卡追求图案精细复杂、线条流畅细腻、装饰丰富繁华的视觉效果，因此在深入阶段是更为复杂、更为耗时的，对艺人手艺的要求也是更高的（图 4-62）。

这一阶段，需要艺人非常细心、缓慢地绘制，避免任何错误的产生，每一步都直接关系到唐卡最终完成的效果。热贡唐卡在历史的发展中就具有“藏汉结合”的艺术特色，所以唐卡艺人们都会强调自己将工笔画的用线技艺融入热贡唐卡之中。在这方面，尤以师傅夏吾才让和徒弟娘本的唐卡作品最为突出。两人都有长时间学习工笔画的经历，也对工笔画的用线有着独到的认识，并实践到个人的唐卡绘制当中。用线技艺现已成为娘本手艺传承中的绝活，在学艺中被学员十分认真地对待。

图 4-62　拉线条

娘本的黑唐代表作品《释迦牟尼讲经图》，即是在黑色的底色上，大量使用变化丰富的金线勾绘而成，在有限的尺幅上绘制了大小一百多个人物，用线疏密搭配，粗细相间，人物姿态各异，活灵活现，突出了热贡唐卡在用线方面丰富的表现技巧和艺术价值（图 4-63、图 4-64）。

勾画时也是按照画面的主次关系逐步进行的，一般先画主佛，然后推延至各个部分。在勾画每一部分时，按照从大到小的原则，先勾出线条较粗的外轮廓，再画内部的纹饰部分。勾线技艺按照所画不同物品的形态特征，在线条的运用上，需要有着不同的变化。现在对唐卡的用线技艺总结出很多说法，如平勾、浊勾、衣勾、叶勾、云勾，勾线五法。但总体来讲，勾线时最重要的是要讲究用线的肯定有力，每条线段一笔完成；还要注意线的粗细变化，运用粗细的变化来体现物体的厚度、体积感和线条的美感。娘本在勾线时着重强调“两头细中间粗”“有力度”“柔中带刚”“流畅和细腻”这四点，目的也是使线条灵活生动。其次，在勾画每一部分时还

图 4-63　夏吾才让作品中丰富的线条表现

图 4-64　娘本黑唐作品《释迦牟尼讲经图》中精致复杂的用线

要考虑到线条在整体画面中的布局，要做到密中有疏，细中有粗，整体和局部搭配得当。在热贡唐卡的彩唐中，对不同部位的用线有着相对应的色彩要求，使用不同颜色的线条组成，也能够使画面形成五彩斑斓的线条效果。在黑唐和红唐中则较多使用金色勾线，以体现唐卡精美的勾金技艺。

5. 开脸

开脸是对唐卡中佛、菩萨、金刚等主体形象的五官描画，是唐卡绘制中的最后一道工序，也是最难掌握、最体现艺人水平的一步。热贡唐卡艺人强调，通过佛的面相来传达对所画佛像的体悟。当地老话讲，人的心好，面相就好，面相好了，画出来的佛相自然好看。这甚至成为唐卡师傅收徒弟的一个标准，先要看来拜师的学生的面相、品德，再决定收不收。开脸也常是师傅检验学生是否掌握了绘制唐卡的手艺，是否能够独立作画的一道程序。许多师傅会通过让学艺期满的学生为唐卡开一副脸相，检验学生能否达到出师的水平。娘本要求徒弟们，开脸时要带着对佛的感受、体悟去画，要将经文中描述的佛的样子，通过想象转化成形象表达出来（图 4-65）。

图 4-65 开脸

按照吾屯的传统习俗，开脸要选择日子，在算定好的良辰吉日里，画师清早沐浴、念经、燃香后才能动笔，并从开始到结束一气呵成。开脸包括打底稿、画五官轮廓，最后画眼睛的部分。根据所画人物题材的不同，对五官面相也有着不同的要求（图 4-66）。

第一步：打底稿。

先用铅笔勾出脸部和五官的轮廓，将五官的比例、位置和所画形象的相貌确定。这时需注意用笔要轻、要准确，最好无明显的笔痕。因为在接下来的步骤里，会用毛笔勾线，将稿线完全覆盖。技艺精湛的师傅在开脸前一般先长久地观察画面，以面部的中线为坐标安排左右位置，在心中布局好后，画时直接使用毛笔一次性完成，省略起稿的步骤，以达到流畅生动的效果。勾画按照鼻子、嘴唇、耳朵、眼睛的顺序，从中间到两侧依次进行（图 4-67）。

图 4-66-1

图 4-66-2

图 4-66-3

图 4-66-4

图 4-67 用铅笔打底稿

第二步：画五官。

描画五官时，要按照不同形象的色彩要求，用毛笔蘸取不同的颜色勾线。勾线时运笔要平稳，一条线段一笔完成。用线讲究细腻肯定，笔笔到位，并要求运用线条的粗细变化表现面部的结构起伏。用色要按照所画形象的肤色和画面的色彩关系进行搭配，一般菩萨、白度母等白皮肤的形象用朱红色勾线，能够体现温润的肤色特征。金色的释迦牟尼则用深红色勾线，可以很好地平衡金色在整个画面中的色彩效果。绿度母、大威德金刚等深肤色的形象，一般会用与固有色同色但较深的色彩勾画，能够划分与旁边的色彩界限，缓和强烈冷暖色并置时的冲突，使画面看起来繁华而又有秩序。五官勾画完成后，再用晕染进行深入，使面部具有立体凸出的效果（图 4-68）。

第三步：开眉眼。

最后要为唐卡上的佛像开眉眼，这也预示着一幅唐卡绘制的最终完成。开眉眼能够起到画龙点睛的作用，热贡唐卡艺人都将开眉眼视为手艺的绝活。唐卡中佛像的

图 4-68　勾画五官

神情，一般靠眉眼和嘴来表现，当嘴角上扬时佛像给人微笑之感，而嘴角下拉时则更能体现佛像的威严。唐卡中佛像的眼睛分为“内见”和“衣见”两种。“内见”指眼睛睁大正视的样子，“衣见”指上眼线中间凹下，眼睛微眯的样子，能够表达佛像慈悲、沉静的特征。在拉眼线时要注意一笔到位，不能重复用笔，并且要运用手腕的力度掌控和毛笔笔锋的变化，表现出眼线粗细变化的效果。最后画出眼珠，点上瞳仁，晕染眼珠和眼角。一幅唐卡作品的画面绘制部分便全部完成了（图 4-69、图 4-70）。

唐卡的绘制部分完成以后，需要对唐卡装裱，对传统佛像等宗教性质的唐卡还要进行装藏、开光后才能使用。装裱在藏语中称“贡夏”，是将丝绢等布料缝在画面四周，唐卡在装裱时有固定的尺寸要求，下幅是画面的二分之一长度，上幅是四分之一，画面四周贴有红黄两条丝带，尺寸为侧幅的四分之三。唐卡装裱的形制类似于汉族的卷轴画，但整体外观上，上下两端宽，中间细，下端配上卷木，卷木两头装饰金银或铜制的轴头，画面前再搭上遮布后便装裱完成。开光指请喇嘛对唐卡加持，使之

图 4-69　开眉眼

图 4-70 开眉眼步骤

具有神圣的价值。开光仪式是僧人在唐卡的背面，在佛像的头、颈、心的位置用红颜色书写梵文唵、嘛、吽，再经过念经加持后，方可使唐卡和所供奉的佛具有某种联系，以能够被请来供奉。娘本的热贡画院每年都会定期将完成的唐卡拿到寺院里开光，装裱部分则拿到当地专门的唐卡装裱店里定做（图 4-71）。

从唐卡绘制的整体来看，热贡唐卡的制作工艺规范，注重工序流程，学习手艺也是按照绘制的顺序，逐步进行掌握。唐卡艺人视为的手艺绝活，并非是改变技术性的操作而产生的，而是在继承的基础上把其中一项做得更好、做到极致以后，才被视为手艺绝活。这种对待手艺规范的态度，和唐卡作为圣物在热贡人民的心中有着崇高的地位有关。这种对前人传下来的手艺的尊重，使得传统手艺在保护中传承了下来，在继承中继续地发展。

图 4-71　装裱好的唐卡

第四节 特色工艺

热贡唐卡技艺中最重要和最具特色的要数各种复杂的用金工艺。娘本提及，在唐卡中用金是一种比较普遍的工艺技法，像西藏地区的唐卡中也有，但热贡唐卡的用金工艺是最为精细讲究的（图 4-72）。热贡的用金，在原材料上使用纯金箔磨制成金汁，再用金汁兑胶制成金色颜料，在画面上运用勾绘、敷色和塑造等技法处理，形成了丰富的视觉效果。金汁由于材料价值昂贵，艺人在绘制时都会格外小心，笔笔到位。用金工艺在绘制技法上主要可分为勾金、贴金、刻金和凸塑四种。运用在唐卡上，勾金主要是用来装饰各种衣饰花纹，贴金和刻金则用来处理各个佛光宝器等较大面积的金色部分。凸塑是将一些部分做立体效果的处理，主要用于寺庙间唐等大型唐卡的装饰，现在也常将此技法运用到一般规格的唐卡当中，以提高作品的工艺价值。

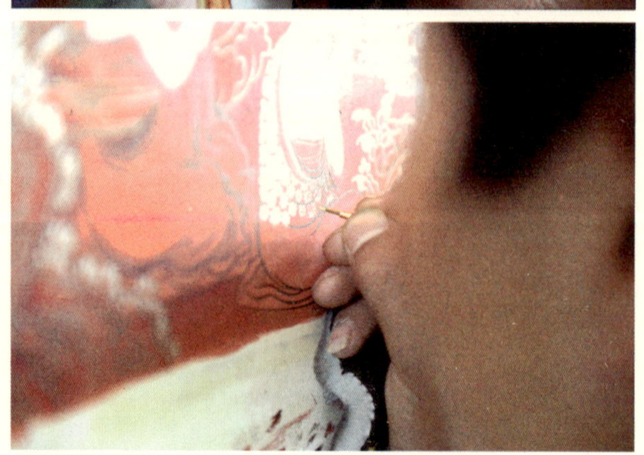

图 4-72 热贡唐卡中各种精致的用金技法

1. 勾金

勾金，是唐卡用金技艺中的主要部分，也是热贡唐卡的一大特色。唐卡在进行完勾线阶段后，常用细腻的金线勾绘花纹图案、佛光宝器、亭台楼阁等装饰部位。热贡勾金技艺以复杂细致著称，在极其细微处需要用放大镜才能够看清，在这一阶段需要艺人投入大量的时间和精力，也是考验手艺和耐性的重要环节。娘本说，勾金时需要画到细若发丝的效果，要求艺人眼疾手准，每一笔要肯定，每一笔要到位，一些最细小的部位，要屏住呼吸，看好后一笔完成，因此每天完成不了太多部分，勾金是唐卡绘制过程中最费时费力的一道工序，也是最体现艺人技艺的部分。纹饰不像佛像那样有严格的度量要求，很多艺人会按照自己的想法去组织搭配，有时还会自创一些好看的图案描绘在自己的作品中，因此勾画纹饰，也是体现艺人个人审美和想象力的重要一环（图 4–73～图 4–75）。

2. 铺金和刻金

铺金和刻金也是热贡唐卡的深入阶段，属用金技艺的一部分。铺金指用金汁涂绘大面积的金色部位或直接将金箔贴附于画面。刻金指用玛瑙笔在涂好的金面上，勾刻出细腻繁杂的暗金纹或者是用玛瑙笔抛刻出金面的光泽，以形成唐卡丰富精美的装饰效果。热贡艺术这种丰富的用金技艺不仅只体现在唐卡当中，在建筑彩绘、壁画和泥塑中都可以看到。刻金常在画面基本完成的情况下进行，刻绘时要在画背面垫上木板，来增强画布硬度，以易于玛瑙笔用力。刻金过程中要注意运用玛瑙笔笔锋的变化来表现丰富的线条（图 4–76～图 4–78）。

3. “西的”的使用

“西的”是产自高海拔地区的一种黄色小花，在五至六月开花时采摘，将采摘的花朵晾干后，放于清水中加少量白矾，再将水加热，即制成可供使用的颜料。“西的”呈金黄色，多用在花草、树叶的叶纹、叶尖和云朵的高光部分。“西的”的制作和使用需要格外严谨，因为具有较强的覆盖力，不能够修改，所以在使用时必须一步到位。但“西的”经久不褪色的特点也是其他颜料所无法替代的，它的使用是热贡唐卡绘画工艺里的手艺绝活（图 4–79～图 4–81）。

图 4-73　较大面积处的勾金

图 4-74　勾绘细小的花纹装饰

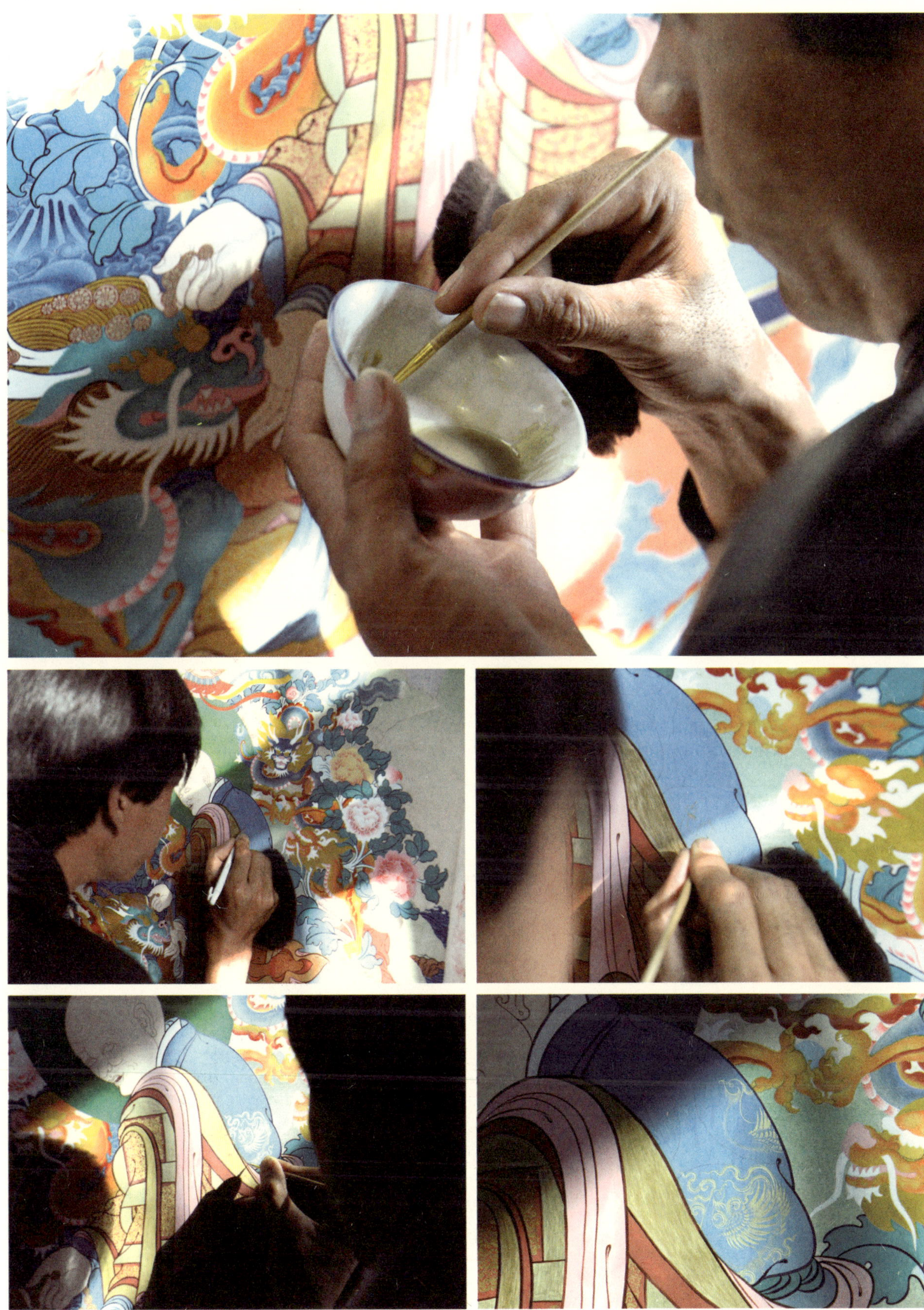

图 4-75　勾金步骤

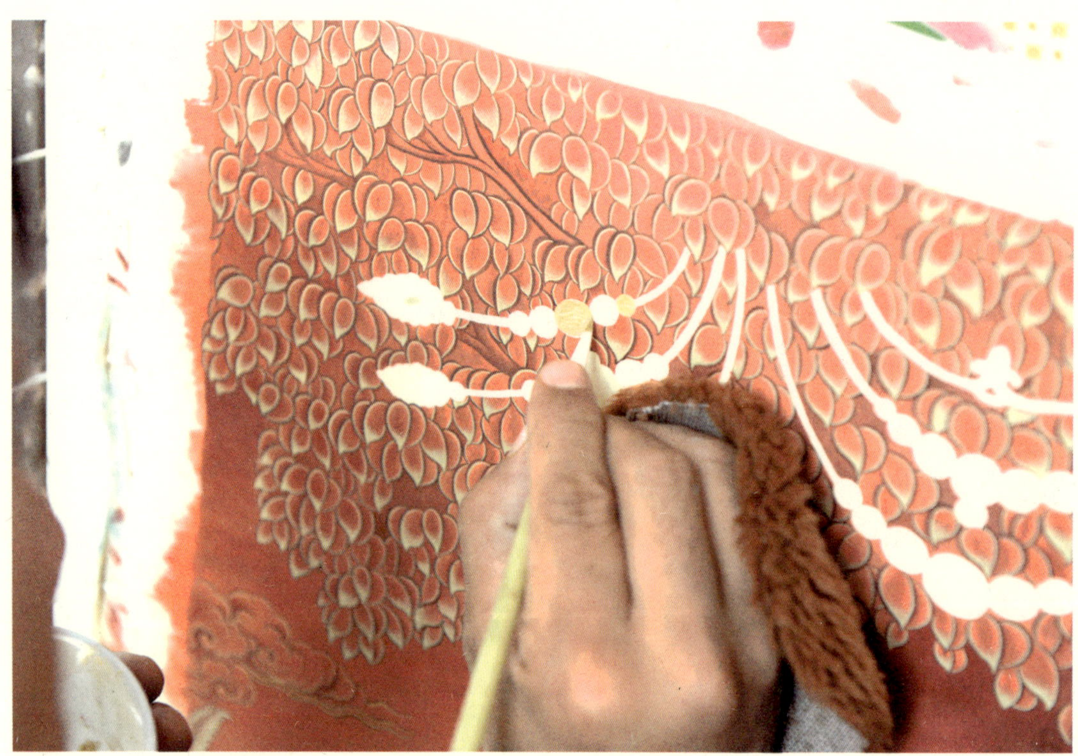

图 4-76 铺金技艺

图 4-77 刻金技艺

图 4-78　不同位置的刻金技法

图 4-79 “西的”原料

图 4-80 加工好的“西的”

图 4-81 调和“西的”绘制的植物高光部分

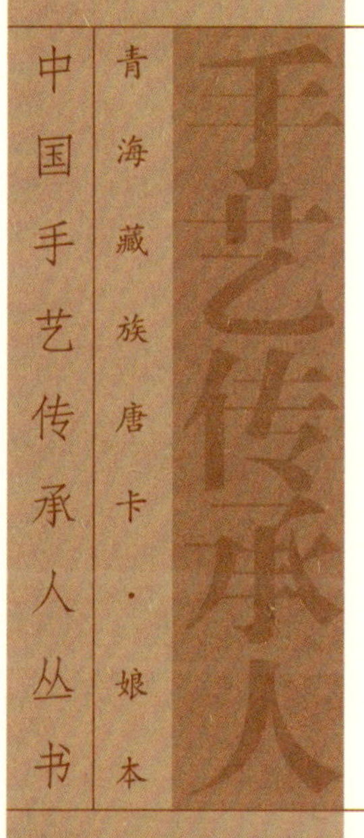

第五章

代表作品赏析

第一节 师傅夏吾才让作品

1.《阿弥陀佛极乐世界》(图 5-1-1)为夏吾才让早年的作品，描绘了阿弥陀佛的净土世界，是热贡唐卡中常见的题材。画面中在有限的尺幅上表现了众多的人物、景物，花草树木、亭台楼阁，佛光宝器，繁复而又具有秩序。作品是典型的热贡唐卡风格，严格按照勉唐画派标准样式的要求绘制。构图上划分上中下形成圣界、本尊、凡界三个部分，人物造型标准，佛像面容端庄，色彩清淡而变化丰富，明显运用了“热贡七彩色”的搭配手法。

在这幅作品中能够看到夏吾才让吸收敦煌壁画的部分，上部仙女成群，轻盈飞舞，形象动态也与敦煌壁画中的飞天如出一辙。整幅画面虽表现物品繁多，但整体安排均衡得当，每一部分以云纹、山水、植物等形成划分，又巧妙相连。云纹、山水、植物的晕染处理和衣装纹饰的精细刻画，都体现出热贡传统的唐卡绘画技法。

局部(图 5-1-2)的处理亦相当精彩，每一部分形成一个独立完整的画面叙事，又一起构成了整个的画面主题，这也是唐卡中常用的叙事手法。人物面相生动，每一个都具足个性，不重样。

2.《文殊菩萨》(图 5-2)是夏吾才让晚年的代表作，是他在 70 岁时绘制的唐卡。这幅作品在构图上属于唐卡中的五方佛构图，即主佛与四个角上方位的佛一同构成整体，表示文殊菩萨集五种智慧于一身。作品在画面形式的处理上趋于简练，菩萨的主体突出，动态优雅含蓄，线条细腻、变化丰富。色彩也处理得十分得体，在清淡的蓝绿背景上，突显出黄文殊菩萨。

由于绘制唐卡需要眼睛靠画面很近，尤其是处理细节花纹等部分，所以吾屯的唐卡艺人一般到 60 岁视力下降以后，就不能再从业了。夏吾才让直到 80 多岁还能绘制作品，也成为吾屯唐卡艺人间的美谈。据娘本介绍，师傅在晚年变法，希望对唐卡进行艺术上的提升，所以在画面的处理上趋于简练、完整，不再像以前那样，极力从细工上去做，这也是他看到了张大千的作品之后，对艺术上的思考。这样也使得师傅可以一直保持较好的视力，延长了他的艺术生涯。

图 5-1-1 《阿弥陀佛极乐世界》(夏吾才让)，20 世纪 50 年代作，75cm×106cm

图5-1-2 《阿弥陀佛极乐世界》局部

图 5-2-1 《文殊菩萨》(夏吾才让)，1991 年作，58cm×82cm

图5-2-2 《文殊菩萨》局部

3.《大威德金刚》(图 5-3)，又称怖畏金刚、牛头明王，属于佛教造像中的愤怒像类，是藏传佛教中格鲁派密宗所修的本尊，因为他能降服恶魔，又有护善之功，所以称其为大威德。这幅作品延续了夏吾才让晚年的风格，画面整体，形象突出。大威德金刚像的面容和身后的火光处理得极为精彩，充分表达了愤怒、威严、震慑的形貌特征。

早期的热贡唐卡作为宗教修行的用物，不允许艺人在上面签字，随着对唐卡接受范围的扩大和接受观念的转变，艺人会按照不同的要求对作品签名或是不签名。在夏吾才让晚年的一系列作品上，都有签名、时期和作品编号，表达了老艺人希望提高热贡唐卡的艺术价值、收藏价值的心愿。

图 5-3-1 《大威德金刚》(夏吾才让)，1992 年作，58cm×82cm

图 5-3-2 《大威德金刚》局部

第二节 娘本代表作品

1.《大黑天》(图5-4)是娘本在成都时期的唐卡，作品显现了他早期的艺术追求，画面简约，形象生动突出。在这时的用线上已经能够体现出艺人对艺术性的追求，线条变化丰富，粗细搭配，曲中带刚，通过线条表现出了体积感、质感等丰富的视觉效果。娘本说，这是他对工笔画和唐卡融合所做的尝试，在形象的表现上，还吸收了浮世绘中饱满、夸张的造型特色。

2.《玛哈德拉金刚》(图5-5)与《文殊菩萨》(图5-6)同属一个时期的作品，也体现出他在那一阶段对线条、构图等形式因素上的思考。作品还在人物形象上吸取了唐代绘画中饱满、丰腴的特色，是他早期对唐卡在艺术形式上创新的探索。

3.《文殊菩萨》是娘本到拉萨以后绘制的唐卡作品，这幅作品明显地吸收了拉萨唐卡浓重的用金和色彩整体、背景统一的形式特点，但在佛光、纹饰等细节的处理上十分细腻丰富，也体现着热贡唐卡的技艺特点。

这张属于娘本作品中典型的热贡唐卡样式，在拉萨时期，娘本绘制了诸多拉萨风格和热贡传统风格的唐卡作品，艺人在绘制中寻找两种区域风格的形式、技法上的差异和各自特色，做了融合上的探索。

4.《释迦牟尼与十八罗汉》(图5-7)是娘本融合两地风格后的作品，这一幅作品成功地吸收了拉萨、吾屯两地唐卡形式、技法上的特点，创造出了在西藏广为接受的热贡唐卡。作品仍较多地保留了热贡唐卡的样貌，如精细的描绘、丰富的色彩搭配、佛像形象的标准造型，而在天空和风景等背景的处理上则完整、厚重，体现出拉萨唐卡的风格特征。

5.《宗喀巴大师讲经图》(图5-8)是热贡唐卡中的黑金唐卡，是娘本的代表作品，反映了他高超的绘画技艺。他在有限的画面内表现出众多人物，各个形象各异，生动鲜明。这幅作品设色简约，但在技法的表现上非常突出，勾线、晕染、铺金、刻金等热贡唐卡的传统技艺被他表现得淋漓尽致(图5-9~图5-21)。

图 5-4 《大黑天》（娘本），20 世纪 90 年代作，72cm×100cm

图 5-5 《玛哈德拉金刚》（娘本），20 世纪 90 年代作，72cm×100cm

图5-6-1 《文殊菩萨》(娘本)，20世纪90年代作，86cm×122cm

图 5-6-2 《文殊菩萨》局部

图 5-7-1 《释迦牟尼与十八罗汉》(娘本)，20 世纪 90 年代作，77cm×112cm

图 5-7-2 《释迦牟尼与十八罗汉》局部

图 5-8-1 《宗喀巴大师讲经图》（娘本），20 世纪 90 年代作，77cm×112cm

图 5-8-2 《宗喀巴大师讲经图》局部

图 5-9-1 《弥勒佛》(娘本)，20 世纪 90 年代作，77cm×112cm

图 5-9-2 《弥勒佛》局部

图 5-10　红唐《阿弥陀佛极乐世界》（娘本），2008 年作，94cm×140cm

图 5-11 彩唐《阿弥陀佛极乐世界》(娘本)，2009 年作，122cm×88cm

图 5-12　彩唐《罗汉渡水》(娘本)，2001 年作，75cm×117cm

图 5-13　彩唐《释迦牟尼生平》(娘本)，2004 年作，102cm×237cm

图 5-14　黑唐《释迦牟尼佛》（娘本），2008 年作，118cm×86cm

图 5-15　红唐《师君三尊》(娘本)，2009 年作，91cm×150cm

图 5-16　黑唐《师君三尊》(娘本)，2009 年作，91cm×150cm

图 5-17　彩唐《财宝天王》(娘本)，2009 年作，70cm×103cm

图 5-18　金唐《度母》(娘本)，2009 年作，100cm×68cm

图 5-19 黑唐《文殊菩萨》(娘本), 2005 年作, 124cm×87cm

图 5-20　彩唐《白马哈嘎拉》（娘本），2004 年作，100cm×76cm

图 5-21 彩唐《大威德金刚》(娘本)，2005 年作，45cm×33cm

2005年至2006年间，娘本绘制了一个系列的小型唐卡，共七幅作品，尺寸均为45cm×33cm。这部分作品虽然尺幅不大，但是面面俱到，在大尺幅唐卡中所能表现的，也在这批作品中全都完善地表现了出来。通过这批作品，展现出热贡唐卡极尽精细的细工绘制工艺。画面细节处描绘得极其细微，单用肉眼是看不清楚的，要用放大镜才能看到，在作画时需憋着气去画这些地方，所以十分耗时耗力，他称这批作品是自己比较满意的作品，是自己的代表作品（图5-22～图5-27）。

图5-22　彩唐《大威德金刚》（娘本），2005年作，108cm×74cm

图 5-23　彩唐《金刚手大轮》(娘本)，2006 年作，93cm×68cm

图 5-24　彩唐《胜乐金刚》(娘本)，2006 年作，45cm×33cm

图 5-25 彩唐《时轮金刚》(娘本), 2005 年作, 45cm×33cm

图5-26　彩唐《喜金刚》(娘本)，2006年作，45cm×33cm

图 5-27 彩唐《密集金刚》(娘本)，2005 年作，45cm×33cm

第三节 娘本的"新唐卡"

《文成公主进藏》《福娃》这两幅作品是娘本创作的"新唐卡"（图 5-28、图 5-29）。两幅作品吸收了大型历史画的表现手法，又融合了唐卡的艺术特色。画面场面宏大，在人群组织上使用焦点透视的方法，趋向于写实表现，在景物和图案装饰处又运用唐卡的技法，展现出了新鲜的视觉效果。娘本希望通过拓展唐卡传统主题的

↑ 图 5-28 《文成公主进藏》

尝试，让唐卡艺术融入更大的接受环境中去。

珍珠唐卡和珠宝唐卡（图 5-30、图 5-31），是娘本在材料创新上的探索，他将主体人物形象用珠宝颗粒材料缝制在画布上，背景处运用传统的绘制手法，形成了立体与平面结合的视觉效果，提高了唐卡的工艺价值。

图 5-29 《福娃》

图 5-30 珍珠唐卡

图 5-31　珠宝唐卡

第四节 徒弟作品

《释迦牟尼生平》这张作品是娘本的徒弟仁青加所绘制的唐卡（图 5-32），作品曾在第三届青海国际唐卡艺术与文化遗产暨热贡唐卡（世界非物质文化遗产）博览会中荣获一等奖。整幅作品色调淡雅，线条细腻，人物形象端庄，色彩搭配丰富，在晕染和用金方面尤为突出（图 5-33，图 5-34～图 5-38 为桑杰本的作品）。

图 5-32-1 彩唐《释迦牟尼生平》，仁青加作

图 5-32-2 《释迦牟尼生平》局部

图 5-32-3 《释迦牟尼生平》局部

图 5-32-4 《释迦牟尼生平》局部

图 5-32-5 《释迦牟尼生平》局部

图 5-32-6 《释迦牟尼生平》局部

图 5-32-7 《释迦牟尼生平》局部

图 5-33 彩唐《阿弥陀佛》，仁青加作

图 5-34 《金刚手大轮》，桑杰本作

图 5-35 《绿度母》，桑杰本作

图 5-36 《宗喀巴大师》桑杰本作

图 5-37 《时轮金刚》，桑杰本作

图 5-38-1　唐卡作品局部，桑杰本作

图 5-38-2　唐卡作品局部，桑杰本作

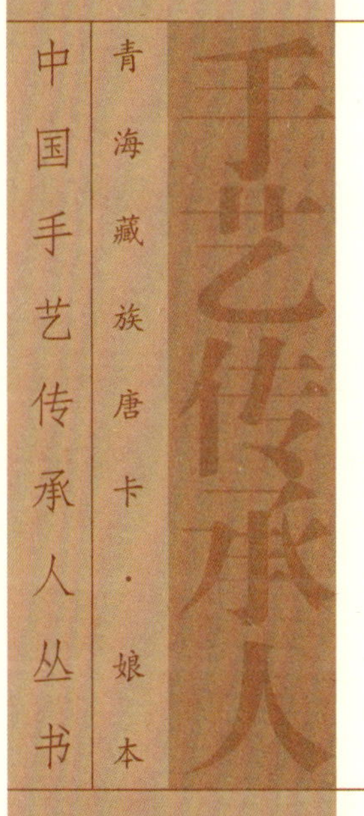

第六章

访谈实录

第一节 谈师傅

问：娘本先生您好，请您先谈谈您对家乡的印象吧（图 6-1）。

答：我觉得我的家乡吾屯是对文化保留最完善的地方，以前说热贡艺术最集中的地方就是吾屯，慢慢扩大来变成了热贡艺术。我们这里是藏族里面出来的一个分支，现在是叫土族，家家户户都是画画的。村子里有吾屯上寺、吾屯下寺两座寺庙，上庄有 200 多户人家，下庄有 500 多户，现在是家家有画室、人人都会画的这么一个好地方。我们热贡唐卡是国家认可的一种艺术，热贡唐卡的特色是都是天然矿物质颜料和非常细腻、精美的金线，这是全国都认可的。

问：请您谈谈您的家庭情况和您儿时拜师学艺的经历。

答：我是在一个贫穷的家庭里面长大的，我爸爸是汉族，算是这里的上门女婿，我妈妈是当地的藏族。爸爸是这里镇上的干部，每个月有点工资，也不算太差，太好

图 6-1　访谈娘本

也不是，算是这里的普通家庭吧。我有四个姐姐、两个弟弟，加上爸爸、妈妈和公公、婆婆是个大家庭，兄弟姐妹都要上学，家里比较困难，我学唐卡的话，能给家里帮上一点忙。我们热贡学唐卡最好的就是在学的过程当中有收入，老师每年画唐卡挣到的钱都有分红给学生，这样的话，学唐卡还能减轻家里的负担，所以家里就把我送去拜师学唐卡，学的第一年就有分红，后面的每一年都有增加，这真是我们这儿学唐卡很好的方式，不光不收学费，还有回报，这是很好的。

我年纪很小就开始跟着我的老师夏吾才让学画唐卡了，我老师人很好，很淳朴，他是僧人还俗的，所以来了学生他不会说教不成啊什么的，没有，学生来了的话教成教不成不说，来了能学会上色、晕染，来了能给老师当当帮手，他也会给一点钱，所以他不是说有天赋的来了就收、没天赋的不收，每一个人来学他都留下。

我们这里拜师要按照传统的习俗，拜师的时候，爸爸带着我拿着哈达、茶叶去找老师，再选日子，选庄稼发芽的日子，选好的日子举行拜师仪式。拜了师后就一定要听师傅的话，早上起来老师的东西都要准备好，洗脸的东西、吃饭的工具，都要准备好。等老师念完经来吃，老师的衣服要洗，老师的位置是最高的，什么都要先老师。学生离开时要跟老师请假，给老师买了肉，老师允许了才行，出去画画也是，要买了东西先去老师家里看望。我现在也是这样要求学生的，必须按照这种传统的方式。

问：请您谈一谈跟随夏吾才让老师学习手艺的过程。

答：我一直在老师身边，直到他走之前，到十七八岁能独立完成作品的时候就帮他带学生。我们就是这样一代一代地带，不是说来的学生都是老师一个人教，比如说我今年来了，先学磨颜料吧，他明年来的，我就开始学上色了，我再教他磨颜料，这样一代代地教，我再学更难一些的。上面的学生教我，我再教给后面的，这是最传统的教法。那时候市面上还没有唐卡，都是寺院里的，我们都是去寺庙里画画，塔尔寺有需要唐卡了，我们就跟老师去塔尔寺画唐卡，去做定好的活，到了年底回家过年，第二年再出去做活，在各大寺庙里去做活。我老师的技艺水平比较高，每个活佛都知道，所以就这样每年不断地在各地的寺庙里画唐卡，青海、甘肃、四川的寺庙都去过。

老师对度量经的比例要求非常严格，要完全按照经书上去学去画，度量经的比例是不能改变的。成了佛的话才有度量经，人各种样子的都有，肚子大的小的、漂亮的和不漂亮的都有，但是佛是不能变的，他的体形、脸部的胖瘦，32 种美、80 个变化都要按照度量经的要求，是不能随便乱改的。颜料的配置也要按照要求，调颜料时的胶多了少了都不行的，比如胶多了会裂开，胶少了会脱落，所以说唐卡的技艺要求每一步都是很严格的，不严格的话，一步不行，修改的机会都没有。从坐下来开始，学度量经要以打坐的方式，要锻炼心静下来，静下来才能每一步画得都很精美。

学唐卡必须要有学经的过程，必须要懂经文，每一个佛教故事都是从经文里来的。唐卡也需要创造，很多人说唐卡没有什么创造，这完全是创造的，度量经不变，佛教故事从经文里来，经文不变，上面有讲述释迦牟尼的样子，他身旁站了谁等等，但你要把经文里的故事转化出来，画在画面上，所以你要在脑子里去转化，把经文转化成形象的东西再拿着笔去画，这都是要创造的啊。

问：那学的过程中，哪些是最重要的？哪些又是最难掌握的呢？

答：学的每一个阶段都很重要，学度量经的时候，每一个比例都要记住，起稿的时候，每一个布局法都要掌握。布局画不好，后面也没法进行。比如说佛身画大了，后面的山水就没法布局了，所以从布局、起稿、上色、晕染、拉线条，每一个都很重要，因为每一步都和上面联系着，上面做不好就会影响到下面。最难学的，还是起稿吧。因为起稿要求把经文转化成画面，按照经文把你自己想象的那种精美的画面画出来，起了稿就是定了位，再去涂色晕染就没问题了。最后的、最关键的是脸的部分，比如人的美是靠脸来体现的，那个人五官长得好，能给人感觉长得很漂亮，佛也是一样，五官很重要的，让人一看有很慈祥的感觉，每一个都不一样。佛的脸相是什么样子的，观音的脸相是什么样的等等，每一个都有不一样的感觉，当把那个感觉、那个神态能画出来的时候，那是不得了的。

问：再谈谈您学手艺时的经历和对老师的印象。

答：我第一次跟老师外出，是去塔尔寺，那时候岁数很小，老师人特别好，每天都给我说，用很亲切的感觉去教，从来没骂过我、打过我，他心态特别好，对每一个细节都很关心，对我特别好，比父母都好，连父母都没有这么关心我，所以我下决心一定要好好地去画好唐卡。当时有九个人在一起学，我是最小的，老师一直讲首先要人做好，人做好才能把事情做好，人都做不好怎么能做事。我跟我的小孩和学生们也是这样讲，一定要人做好，人做好了什么都有，你没有的时候别人会帮你的。

从我画唐卡的经历来看，在我的心里一直认为夏吾才让老师是我们吾屯最功德无

图 6-2　娘本讲解自己对唐卡风格上的探索

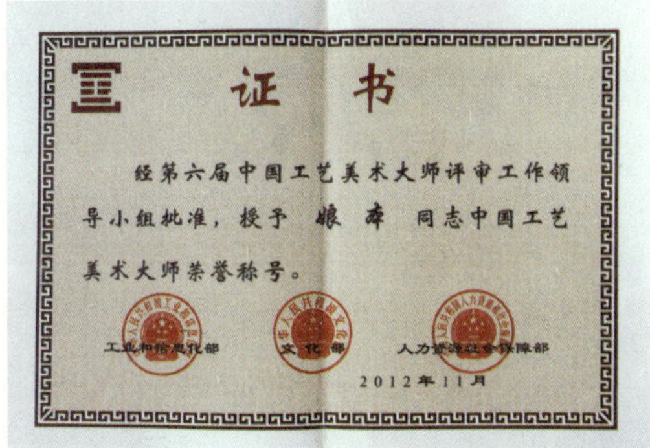

证　书

经第六届中国工艺美术大师评审工作领导小组批准，授予 娘本 同志中国工艺美术大师荣誉称号。

工业和信息化部　文化部　人力资源社会保障部

2012年11月

图 6-3　获“中国工艺美术大师”荣誉称号的证书

证　书

中华人民共和国文化部
二〇〇九年六月

图 6-4　获“国家级非遗代表性传承人”的证书

量的人，是我老师给热贡唐卡带来了好的技艺和机会。为什么这么说呢？因为“文革”以后很多年这里就没画唐卡，但改革开放以后，我们村里有几十个老艺人，这几十个老艺人又带出了我们这代几百个艺人，几百个艺人现在变成了一万多个艺人，现在我们这里有一万多个艺人从艺，是比较繁荣的。我自己也是唐卡艺人，画了 30 多年的唐卡，一直研究唐卡，我们这里这么多人从事唐卡，现在一提到热贡就是唐卡，是什么样的影响带动了热贡的唐卡艺术？当时张大千先生去敦煌研究壁画，一共带了三个人去，其中就有我的老师。张大千先生在敦煌使用了矿物质颜料，这些颜料都是我老师帮他研磨、调配的。为什么带他去帮忙制作颜料，因为我老师是当时青海佛教圣地塔尔寺里手艺好的艺人。他们一起在敦煌进行了为期三年的文化交流，又学习了将敦煌壁画和我们唐卡中最有用的东西结合起来，成了我们地方上的领军人物，在全国也是出类拔萃的，后来被国家评为第二届全国工艺美术大师，这才让我们热贡的唐卡被大家关注起来。他将他的技艺又传给了我们这几十个人，我们学习和继承了老师的手艺又继续传下去，我们热贡唐卡精美的技艺才能一直很好地保留下来。老师一生中培养了 60 多个学生，像我老师的大儿子更登达吉，是第五届中国工艺美术大师，我是第六届中国工艺美术大师、第二届中国国家级非遗代表性传承人，我希望我后面还能产生代表性的人物，这都是因为我们老师传授的东西好，包括他的理念、他的技艺，我想把它传下去，把它发扬光大（图 6-2～图 6-4）。

第二节 谈手艺

问：请问您除了跟夏吾才让老师学画唐卡，还有其他的学习经历吗？

答：我后来又去了成都和西藏。1998 年去成都的，我的那个老师叫罗家宽，我在成都时他对我说，他接了一个寺庙里面的活，要画 78 幅寺庙墙壁上的工笔画，问我有没有时间去帮他一起画。那时候一直都没有活，有活就很高兴，我就带了两个学生去了成都，待了三年。他是画工笔画的，我们一起画了寺庙里的 78 幅壁画，我学了很多好的东西，对工笔画有了许多认识。工笔画的线条非常的好，讲究粗细的变化，讲究柔软带刚的艺术效果，单通过线就能表现很丰富的东西，我们唐卡中也很讲究线条。唐卡也有点接近重彩的工笔，与工笔画有些地方很接近。工笔画是中国几千年文明中很重要的艺术，唐卡也是上千年的藏传佛教文化里面很突出的一门艺术，所以它们两个结合的话会是更好的一种突破方式。以前我们讲不出来，老师教了以后，学了很多工笔画上面的优点，后来和唐卡结合在了一起（图 6–5）。

问：夏吾才让老师也强调艺术上的吸收吗？请谈谈老师的技艺特点。

答：老师经常讲与张大千在一起的经历，他对张大千的印象是什么都可以画，是个很优秀的艺术家，张大千还给我的老师画过一张肖像的素描，画得很好，非常的像。我老师在本村还有一位老师，叫多杰先，我老师在出师的时候，他们两个在吾屯上寺的门上画画，两扇门一人画一扇，我老师那时候 17 岁，两个人画出来的简直一样的精美，我们经常去看门上的画并用心学习。老师从汉画中吸收了很多，他的画中天女很多，是融进了莫高窟里的飞天的形象。这个是老师画的《大威德金刚》，你离远了看，他后面的火焰就跟真的着火了一样，有些人画这个火焰，画了很多，但不生动，我老师的这个你哪里看都有很生动的感觉，这是真正艺术上的一种做法，特别具有代表性。从工艺上来讲的话，工艺是比较简单的，工艺和艺术不一样，工艺是可以慢慢地练出来的，艺术是比较出来的，是自然而然出来的。所以我也一直跟我的学生强调，唐卡不要像工匠一样去画，要当做艺术品来做，大家也都认可它是艺术品。

图 6-5 画院一角

你看我老师这个作品，颜色比较淡薄，不是那么五颜六色、很杂的感觉，很干净，他抓住了金刚的面目表情和周围的火焰，人们来看都说这个好。你再看这个《文殊菩萨》，这是老师晚年的作品，一个艺人晚年的作品都这么好，他活到 83 岁，80 岁的时候还给我们起稿，还给我说，娘本你什么地方不对，他临走的时候还给我们教课，他说如果他再多活几年的话，唐卡的好多东西，他心里想到了，还可以做得更好。

这是老师早年的作品，是他 30 多岁时的作品，你看上面都是仙女，我们以前唐卡中仙女画得比较少，敦煌的、莫高窟的壁画里面仙女比较多，各式各样飞天的仙女，所以老师就吸收了敦煌壁画里面的东西，画的仙女特别多、特别好。

问：老师有什么手艺绝活吗？

答：绝活的话，老师教的对我来说都是绝活，每一样都是要细心去做，老师这样教我们，所以我养成了做什么都很细的习惯，人太粗了不行，画画也会粗的，人细了以后这个心能静下来，每一笔都是很认真地去画了以后，你画出来的作品就会很精美的。

问：请讲一下您的技艺特点是怎样形成的？

答：在成都待了三年以后，老师推荐我去西藏，我又去了拉萨，刚到拉萨时人生地不熟，站不住脚，那时候路很难走，要坐车走三天三夜的山路。我后面还带了很多的学生去画，总共带了四五十人去，去寺庙里面画画。还有好多村民给我唐卡让我带去销，我带去好多大店里销，刚开始他们觉得不能销售出去，我说你们销销看，不行我再拿回去，慢慢就销得很好。所以村子里的人们都相信我，我在最困难的时候拉着大家一起走。

个人风格方面是，我学了工笔画，学了西藏唐卡，学了热贡唐卡，将这些融合起来，但是一看还是热贡的唐卡，很多人说我这个艺术感比较强。我们青海的唐卡颜色比较淡，这个天比较淡，西藏的唐卡是蓝天比较重的，这里面有很大的区别，所以西藏它需要重的颜色，很多颜色里面需要加墨，我们的比较清淡。但那个线条都是我们热贡的，所以这个结合起来了，西藏唐卡的线条没有这么多变化，它比较单薄，我们的比较细腻。

题材上我也思考着创新，像《开国大典》《文成公主进藏》这些大题材，以前没有人在唐卡中表现过，我把它画了出来，把它捐献给了国家，我是想表达唐卡不仅仅是能画佛，人文、科技、历史、地理、花鸟山水这些都可以画，真正内心想表达的都可以画。2008 年北京奥运会时，我画了三幅《福娃》唐卡捐给奥组委，这是我们国家第一次举办奥运会，作为艺人，我想用自己的手艺表达自己的心情：一是想表达我们对国家举办这么大的活动的喜悦；二是想表达我们唐卡也可以创作，通过这个让世界更多的人来了解唐卡。我进行过很多这种唐卡创作，《澳门回归十周年》也画过，以前很多人印象中唐卡就是画佛像，但看了我的创新唐卡时，都赞叹唐卡也可以创作，这也是艺术上的做法。大家都喜欢、都认可这个东西，我自己也特别高兴。现在中国藏学研究中心定制了两幅大型唐卡，马上要开始画了，是历史题材的，这些新路子慢慢地要走，才能让热贡唐卡以后的路更宽。

我从老师那里继承了创新的观念，又把这种创新的想法教给学生。我跟他们讲，一种艺术没有创新等于死了，我们祖先留下来的技艺，它最好的是哪些呢？首先是颜料，纯天然的矿物质颜料，金是纯金，包括研磨都是非常好的技艺，是祖祖辈辈留下来的，这些都要保留，在继承这些传统的基础上去保留，在这个基础上去创新，我认为这是一个很好的路子。没有创新的话，光知道临摹是不行的，我们的社会不断地在变，审美观也在变化，现在是什么样的审美啊？我对传统的技艺一直继承，一点都没有变，颜料不变，颜料的用法不变，起稿的方法不变，拉线条、用金的技艺不变，但是艺术的东西可以融进去，在技艺什么都不变的情况下去创新，这是很重要的。

第三节 谈传承

问：您是何时开始收徒的？请谈谈收徒的情况。

答：我第一次收的徒弟是仁青加，是我妻子的弟弟，还有一个是李先加，他们是前后收的。我当时是 20 岁，以前都是老师的学生我帮着教，单独收徒的话，仁青加是第一个，后面慢慢就很多了。我也跟他们说，你们一定要好好学，有没有天赋是另外一回事，好好学的话技艺的东西掌握了，靠手艺生存是没问题的。像仁青加画得特别好，在我教的东西里面又加了好多他自己的东西，今年我们画一个释迦牟尼生平的唐卡，他的晕染、色彩的过渡，比我想象的还好。他现在也是省级的工艺美术大师，我很高兴，我跟他们说，你们要比我还要好，因为你们的年代好啊，我们小时候家里面穷，现在好了，这么好的条件，这么年轻，肯定会比我好的。还有一个是李先加，他用矿物质颜料用得很好，他能把矿物质颜料的颗粒用上去，这个是很难的。矿物质颜料是颗粒的，跟沙粒一样，要先磨了才能用，他能把颗粒用上去，有立体感。这也是他们的独特性，有很多自己的绝活。

问：您是国家级的传承人，您在传承上都做了哪些工作？

答：我们的唐卡一步步发展到今天，一个地方上的、宗教里面的东西，变成了大家都认可的艺术品，是很了不得的，是国家一直都在推动着的。我们画唐卡，以前是没有市场的，我为什么这么早出去？因为我们学了手艺就一定要画唐卡，有了销路才能够画唐卡，没销路怎么再画啊？艺人要吃饭，要生存，就得靠手艺，所以我就出去得早，在成都待了三年以后，老师推荐我到西藏去发展，去找路子，要是找到了路子，我们吾屯的艺人都有能生存的空间。所以我在西藏待了八年，西藏是我们说的佛教的圣地，市场在那边，我就带了我们这里很多的艺人去那里画画。村子里的唐卡拿到那边去销售，慢慢地有了销路以后，才有很多人去学习，一定要打开市场。在那边我们去很多寺庙画，很多店里销售我们的唐卡，这样我在那里待了八年。

我们热贡的艺人多，那个时候是打着西藏的牌子去销售，现在不需要了，我们回来了。现在一说唐卡就是热贡唐卡，所以我们做的我觉得值得，一个佛教的供品融入了社会当中，做了很多的工作以后，大家都慢慢认识了，收藏界的也都很喜欢热贡唐卡。我们唐卡一张的价格从几百块钱开始，慢慢到了现在几万、几十万、几百万，甚至上千万的都有。这说明热贡唐卡是大家真正认可的一个东西，我是很高兴的，水平也会越来越高，名声也是越来越大。2008 年画院建好了以后，给了我国家级的非物质文化遗产传承人的荣誉，去年又给了我“中国工艺美术大师”这个荣誉。这个不光是一个荣誉，给了我以后，感觉担子也重了，要更好地去做，更好地去传承。我觉得首先是我们艺人要去做，艺人做好了以后，就带动了整个区域，国家重视起来，好了以后，最受益的就是我们艺人，所以我要做好。

问：请讲讲您建立的热贡画院的情况吧。

答：我建画院的时候什么手续都没有，我刚从西藏下来的时候，谁都不认识，我跟我们村的村主任和书记说了我的想法，我用我的地跟别人换，把地换到一起，我多给别人一点。建的时候村主任和书记很支持，他们说我们地方上有艺人自己这么想，我们很高兴，鼓励我建，手续都帮着我办。当年建的时候还贷了一百多万元的款，家里人都不理解，说你建这个干什么，我说我一定要建这个画院，家里面的人都不愿意我做这个事。后来做起来了，做好了，家里也都高兴了，说还是儿子有想法。

画院是由我弟弟来管，学生作品的销售、管理都是他来。家里都是妻子来管，给小孩洗衣、做饭、种菜，都是她，我只管画画，她也很不容易。但我们看着这些小孩成长起来，能够学到手艺，这是我们的心愿。现在我儿子画画，我以前让他学习，要会识字，他初中毕业后一定要学唐卡，初中后就开始学画唐卡了。

我的画院一建起来，免费参观，让更多的人去认识唐卡，了解唐卡。他们觉得好了以后，会更多地去传播唐卡，现在好多游客来这里看。我跟他们介绍什么是热贡唐卡，他们对我们都很肯定，我做的有结果了，就想做得更多。我现在不光还清了贷款，还准备投资建一所唐卡学校。为什么想建学校？学校建好了以后，就有更多的人来学习唐卡了（图 6–6）。

问：再谈谈您对要建的唐卡学校的规划吧。

答：我现在又投资开始建学校，建一所真正的唐卡学校。学校建好以后和画院分开，画院是画画的地方，学校是教学的地方，我要给这些小孩创造一个好的环境，

↑图 6-6 首届中华艺文奖颁奖典礼合影

这里面收纳了几十个孤儿，我想让他们在好的环境当中学习唐卡，认识唐卡，了解唐卡，更好地去学习。学校建好后我预计每年能保留 50 个学生，现在有三四年了，每年都有学生来学，今年就没敢全部收，因为容不下，没地方住了。学校建好了后，可以收更多学生了，以后每年进十个学生，进来十个出去十个，五年可以毕业，五年后想继续留在这里画就留在这里，不想留的就可以毕业自己去画，然后再有新的进来。到时老师、宿舍都有，学不仅是最传统的学法，还要学文化课，三天学画画，一天学文化课。这样的话画画也学会了，也有文化知识，以后到了社会上才有能力。因为我自己不识字，藏文没问题，不会认汉字，但现在在社会上不识字的话很麻烦，有文化了以后再学画画，就能更好地发挥才能。像我画了一辈子，这艺术的技艺的东西都有了，但我表达不出来，说不出来。有了表达能力的话，把自己的经历、想法和绘画过程都能够写下来，就能更好地发展唐卡，我是这样打算的。

我收藏了很多唐卡，我的画院里有几百张老艺人的作品，这是老艺人留给我们的财富，我们通过这些可以研究技艺，那都是老祖宗留给我们的技艺。画院二层的展厅里都是藏品，展示了 70 多张老唐卡，我自己共收藏了 600 多幅精品唐卡，其中有一百多幅明清时期的作品，那都是我们的课本，那些老艺人的技艺都要挖掘出来，那是我们传承人应该做的事情啊，那样我们的唐卡艺术就能更完善地去传承。我建好学校以后，也要展示出来，一层、二层都是展厅，要让学生们通过这些东西来学习。

我的老师夏吾才让去世的时候，一直遗憾自己没有兴办起唐卡学校，培养更多的年轻画师。他希望弟子能够实现和完成他未竟的遗愿和事业，为藏族优秀传统文化的继承和发展做出自己的贡献。如今我要实现老师的这一遗愿，对我来说，也算了却一件心事，算是我对老师报恩吧！

问：现在唐卡的传播范围广了，出现了许多与过去不一样的新现象，比如说唐卡出现了艺人的签名，女性艺人开始画唐卡，这在传统中都是没有的，您是怎样看待这些现象的？

答：我现在画的唐卡都有签名，传统的唐卡都是供品，艺人是不能签名的，这是对佛教文化的尊重，但现在许多收藏界的人购买，他们都希望签名，能够了解作品是谁画的，是从收藏的角度要求签名、盖章，当成是一种艺术品，这也是唐卡慢慢融入社会之后，人们从艺术品的角度来对待，所以开始慢慢引到在唐卡上签名这个路上去的。

我们以前不允许女的学画唐卡，佛的话只有男的画，女的不能画，讲的是传男不传女，传内不传外。现在来讲，我们热贡有多少人在画唐卡啊？以前才有多少人啊？以前的观念是这样的，也是怕手艺外流，流到别的人家。现在画的人这么多，不是比以前传承得更好了吗？所以，以前的观念要打破，为了更好地去传承。再一个是，传男不传女也是对佛教的一个尊重，没有女人画画的，现在突破了，画的人多了，所以我们觉得都一样的，只要内心干干净净地去画，男的女的都是一样的，只要女学生有这个心，来了的话我都答应，都会给她一个机会学习。

来的学生所有的费用都是我管着，技艺好一点还会发钱，这在我们佛教里面讲也是个功德。他们过来学也不容易，就是想让他们学好，学会了手艺就能改变他们的一生，我每天教给他们一点，他们每天就收获一点。

问：现在除了和唐卡相关的事情，您还会做些什么？

答：我在西藏待了几年，赚了一点钱，自己也是普通家庭出来的小孩，我觉得我们念佛也好，做事情也好，人什么都带不走，在有能力的情况下去做一点好事，做点善事。所以我在西藏回来以后给自己一个任务，每年做一点好事，每年在自己画画赚的钱里面挤出一些来做点善事。比我穷的人太多啊，有的家庭里面的孤寡老人，每年过春节我都要送他们一些东西。我在村里也组织过很多捐助活动，以前村里有个小孩病了，是很难治的那种，要花很多钱，我说一个家庭哪能承担这么多，我就跟村子里的人说，爱心是每个人都有的，我们每一个人都要捐款，能捐多少捐多少，我第一个先拿出来，大家都捐，都说这不是你一个人的事情，我们大家一起来。现在我们这里很好，哪里有困难的话大家都帮，这是一件很好的事情，养成了习惯。

问：请您谈谈对于手艺保护和传承的认识。

答：以前说非物质文化遗产保护，可是怎么保护呢？我们一定要在发展当中去保护的，没发展就没保护，这是百分之百的。现在的人都先为了生存，你的东西做了没人要，我们还做它干什么呢。所以在保护中要发扬光大，要在保护的过程中推广、宣传，让更多的人认识，有市场，才会有更多的人去做，有生产才有保护，才有更多的人去学唐卡。以前我们学唐卡主要是没市场，学会唐卡一定要画唐卡，画唐卡有销路才能继续画。在最传统的基础上一定要发展，一个东西没有发展传承不下来。

问：最后，请谈谈您对唐卡传承的期望和展望吧。

答：在唐卡的传承当中我现在最大的担心就是有些题材减少了。我现在正在做一个唐卡的千描、百描图的作品，唐卡画得最多的就是各种佛像，像释迦牟尼、药师佛、六臂玛哈德拉、大威德金刚、四臂观音、绿度母、白度母等，就在这么几十种里面转，很多的题材市面上都不认识，甚至有的艺人也不认识了。我觉得这是目前最大的问题。我就想把我们以前画过的唐卡，包括寺庙里面画的，都要画出来，在社会上公开出来，让大家都知道、都了解，需要的话就能在里面取，那样就能传承得更好了。

我最大的希望，就是在未来的保护中我们艺人对颜料要重视。唐卡最宝贵、最重要的就是颜料了，是纯天然的矿物质颜料。颜料鉴定的话，好的颜料不黏手，化工的会黏手；化工颜料画出来比较光滑没有颗粒，过度的鲜亮，没有矿物质的厚重。矿物质颜料是我们热贡唐卡的根，一点都不能变，唐卡大家都认可它，上千年不褪色，这是它的特点，所以要在颜料上严格把关，任何一点差错都不能出。还有在金线上、精美的技艺上我们要更好地去发展，题材上更好地去创新、突破，做出有当代审美观的作品，让我们唐卡成为国内外都欣赏的艺术品，全世界人民都认可的一种艺术，我们祖祖辈辈地把它传下去。

这么多年来，那么多人不断地努力去做，现在这个果子结出来了，树长起来了，唐卡以前很多人不认识，现在都认识了，我们还到国外去，让全世界都知道唐卡艺术是我们中华文明几千年来的精华。家里人有时也说你整天这么累干吗啊，我说我不能休息，我们一定要在最传统的基础上发展好、传承好、发扬好，这是我们的任务。国家给了我们这么多的荣誉，光坐在家里可不行，我吃饱了不行，还要想着后面的人，让后面的人更好地去传承。所以我们一定要做好这个工作，一定要不断地往前走，我们才会有更好的日子，我一直是这么想的（图 6–7）。

图 6–7　娘本获“首届中华艺文奖青年奖”

参考文献

[1] 白庚胜．中国唐卡艺术集成·吾屯卷[M].汉文版．银川：宁夏人民出版社，2007.

[2] 陈乃华．无名的造神者：热贡唐卡艺人研究[M].北京：世界图书出版公司北京公司，2012.

[3] 德拉才旦．唐卡画教程[M].石家庄：河北美术出版社，2009.

[4] 吕霞．美善唐卡：唐卡大师西合道口述史[M].北京：中央编译出版社，2010.

[5] 于小冬．藏传佛教绘画史[M].南京：江苏美术出版社，2006.

[6] 彭兆荣，等．热贡唐卡考察录[M].北京：民族出版社，2012.

[7] 王能宪，曹萍．国际唐卡艺术及非物质文化遗产保护青海论坛论文集[C].北京：文化艺术出版社，2010.

[8] 马成俊．神秘的热贡文化[M].北京：文化艺术出版社，2003.

[9] 马成俊．热贡艺术[M].杭州：浙江人民出版社，2005.

[10]《黄南藏族自治州概况》编写组．黄南藏族自治州概况[M].修订本．北京：民族出版社，2009.

[11] 张亚莎．西藏美术史[M].北京：中央民族大学出版社，2006.

[12] 潘鲁生．民艺学论纲[M].北京：北京工艺美术出版社，1998.

[13] 潘鲁生，唐家路．民艺学概论[M].济南：山东教育出版社，2012.

[14] 潘鲁生．关于构建中国“手艺学”的问题[J].济南：山东社会科学，2011（1）：70-72.

[15] 唐家路，潘鲁生．中国民间美术学导论[M].哈尔滨：黑龙江美术出版社，2011.

[16] 刘冬梅．造像的法度与创造力：西藏昌都嘎玛乡唐卡画师的艺术实践[M].北京：民族出版社，2012.

[17] 罗伯特·比尔．藏传佛教象征符号与器物图解[M].向红笳，译．北京：中国藏学出版社，2007.

[18] 弘学．藏传佛教[M].第三版．成都：四川人民出版社，2012.

[19] 蒲文成．青海佛教史[M].西宁：青海人民出版社，2001.

[20] 罗伯特·莱顿．艺术人类学[M].李东晔，王红，译．桂林：广西师范大学出版社，2009.

[21] 张士闪，耿波．中国艺术民俗学[M].济南：山东人民出版社，2008.

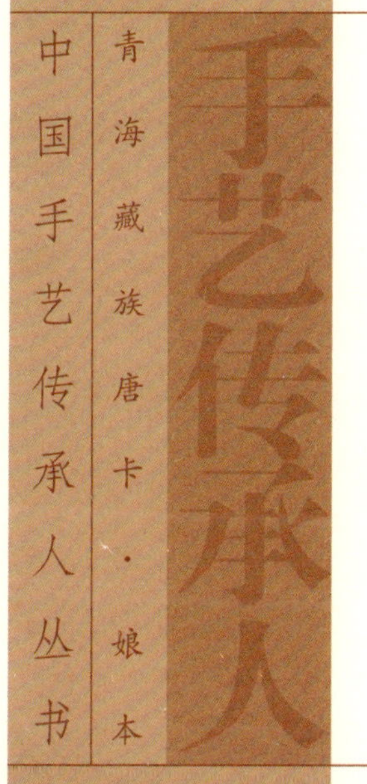

附　录

娘本简介及年谱

娘本，男，土族，1971年出生于青海省黄南藏族自治州同仁县隆务镇吾屯上庄。12岁起跟随中国工艺美术大师夏吾才让学艺，从事“热贡艺术”唐卡绘画和藏传佛教艺术的研究工作。在继承“热贡艺术”传统风格的基础上积极探索，借鉴其师夏吾才让大师作品中的“敦煌飞天”和西藏唐卡的色调风格，融热贡唐卡的用金技艺和汉族工笔画技法于一体，逐步形成了个人独特的艺术风格。先后被评为人类非物质文化遗产名录热贡艺术国家级代表性传承人、中国知识产权文化大使、首届中国唐卡大师、青海民间工艺大师、青海省劳动模范、全国轻工行业劳动模范、全国农村青年致富带头人标兵和中国工艺美术大师。

一、从艺简历

1971 年

出生于青海省黄南藏族自治州同仁县隆务镇的土族聚居村——吾屯上庄。吾屯上庄具有悠久的绘画艺术传统，在青海省享有“户户有画师，人人能作画”的美誉。

1983 年

拜中国工艺美术大师夏吾才让为师，从事“热贡艺术”唐卡绘画和藏传佛教艺术的研习，并成为夏吾才让大师的入室真传弟子。

1995~1997 年

为了提高自己对汉族传统绘画的了解和认识，专程赴成都拜师学艺，跟随国画家罗家宽系统地学习了汉族的传统工笔绘画艺术。

1997~1998 年

被邀请参与大型唐卡作品《中国藏族文化艺术彩绘大观》的绘制，尝试将工笔画技法与唐卡艺术结合。

1998~2006 年

赴西藏拉萨从事唐卡绘制和研究，长达八年。其间吸取各家所长，在继承热贡唐卡传统风格的基础上积极探索，借鉴师傅夏吾才让作品中的“敦煌飞天”和西藏唐卡的色调风格，融合热贡唐卡的用金技艺和汉族工笔画技法，逐步形成了自己独特的唐卡艺术风格，成为当代热贡唐卡转型阶段代表性人物之一。

2006 年

8 月 1 日，创办青海省黄南藏族自治州热贡画院并担任院长。画院占地面积 4 亩，建筑面积 2000 平方米，投入资金 400 多万元，旨在保护、传承和发扬国家级非物质文化遗产——热贡艺术，培养热贡艺人，促进唐卡推介。

2008 年

7 月，为祝贺北京成功举办第二十九届奥运会，创作三幅《福娃》唐卡赠送北京奥组委。

9 月 3 日，由青海省黄南藏族自治州热贡画院申报的“珍珠唐卡”获国家知识产权局“外观设计专利”。

2009 年

9 月，创作了历史题材的《文成公主进藏》和《开国大典》两幅创新唐卡，在“第二届中国青海国际唐卡艺术与文化遗产博览会暨第六届民族文化旅游节”中荣获特等奖，并作为国礼捐赠予国务院办公厅。

11 月，为纪念澳门回归十周年，娘本组织画师创作了一幅以改革开放三十周年为主题的创新唐卡《澳门回归十周年》，捐赠予澳门特别行政区，澳门特别行政区原行政长官何厚铧亲笔回复了感谢信。

2010 年

1 月 13 日，新创作的《木质唐卡》获国家知识产权局颁发的“外观设计专利”证书。

二、所获荣誉

2008 年

4 月 21 日，获得“中国知识产权文化大使”提名。

8 月 4 日，在 2007 年开展的“新农村乡风建设”六项主题创建活动中获“尊老爱幼，助人为乐”荣誉称号。

2009 年

2月13日，“青海省黄南藏族自治州热贡画院”被青海省文化厅评为“青海省文化产业示范基地”。

3月，经共青团青海省委考察，黄南藏族自治州热贡画院被评为“青年就业创业见习基地”。

4月24日，经中华人民共和国文化部组织专家评审委员会评审，娘本被评为“第三批国家级非物质文化遗产项目（热贡艺术）代表性传承人”。

6月，获“中华人民共和国文化部非物质文化遗产保护工作先进个人”称号。

9月，娘本被青海省人民政府授予“青海省劳动模范”称号。

2010 年

12月，娘本被共青团中央、农业部授予第七届“全国农村青年致富带头人标兵”。

2011 年

10月，娘本荣获“首届中华艺文奖青年奖”。

2012 年

6月，娘本荣获“中华非物质文化遗产传承人薪传奖”。

7月，娘本荣获“全国就业创业优秀个人奖”。

三、展览获奖

2005 年

8月5日，唐卡《无量光佛》荣获青海省第二届民族文化旅游节“首届热贡艺术作品大汇展二等奖”。

8月，唐卡《文殊菩萨》在“青海民族民间工艺美术作品展”中荣获二等奖。

2006 年

8月30日，珍珠唐卡《长寿观音》在“第二届热贡艺术作品大汇展”中荣获一等奖。

8月，唐卡《释迦牟尼》在“第四届青海民族民间工艺美术作品展”中荣获二等奖;《无量寿佛》荣获一等奖。

2007 年

6月，在“第五届青海民族民间工艺美术作品展”中荣获“民间艺人优秀表演奖”。

9月，铜雕佛像《释迦牟尼》在青海热贡唐卡艺术品博览会中荣获二等奖；刺绣唐卡《释迦牟尼》荣获一等奖。

2008 年

6月，在“首届青海国际唐卡艺术与文化遗产博览会暨第五届民族文化旅游节”中获优秀参展奖。

8月，参加了由文化部主办，中国非物质文化遗产保护中心承办的“中国非物质文化遗产传承技艺展演”活动，荣获参演证书。

8月8日，唐卡《阿弥陀佛极乐世界》在“奥林匹克之旅——中华民族艺术珍品文化节”中被评为“中华民族艺术珍品”。

8月24日，在北京奥运会“中国故事”文化展示活动中做出积极贡献，荣获荣誉证书。

9月19日，珍珠唐卡《四臂观音》《文殊菩萨》被中国艺术研究院、中国工艺美术馆、中国工艺美术协会入选“中国传统工艺美术精品大展”。

10月19日，唐卡《三主佛·弥勒佛》荣获“中国传统工艺美术精品大展”金奖。

2009 年

2月，在北京举办的“中国非物质文化遗产传统技艺大展系列活动”中做出突出贡献，特发纪念证书。

5月18日，娘本创作的珍珠唐卡《文殊菩

萨》在2009年第五届中国（深圳）国际文化产业博览交易会上获得“中国工艺美术文化创意奖”金奖。

9月16日，由娘本设计制作的唐卡《释迦牟尼·十五米长卷》作品，在“第二届中华民族艺术珍品文化节”被评为“中华民族艺术珍品”。

9月16日，珍珠唐卡《文殊菩萨》等作品，被选送参加“第二届中华民族艺术珍品文化节”大型展览，并获参展证书。

9月24日，红唐《阿弥陀佛》参加中国2010年上海世界博览会昆山大吉祥文化馆举办的国家热贡文化生态保护实验区非物质文化遗产项目上海展，获荣誉证书。

11月1日，唐卡《千手千眼观音·黑金》在第十届中国工艺美术大师作品暨国际艺术精品博览会上获得“2009年天工艺苑·百花杯中国工艺美术精品奖”金奖。

2014年

4月16日，“娘本唐卡艺术展”在中国国家博物馆举办。

四、作品收藏

2007年

6月21日，珍珠唐卡《释迦牟尼》被青海省博物馆收藏。

2008年

1月22日，唐卡《墨金四臂观音》《四臂观音》《护法金刚》《土神》等共20件作品被中国美术馆收藏。

10月15日，唐卡《释迦牟尼》被中国国家博物馆收藏。

后　记

从着手撰写传承人书系《青海藏族唐卡·娘本》卷开始，到书稿付梓之际，已有两年之久。在这两年的时间里，我通过数次与娘本和他的弟子们接触，全面地了解到国家级传承人的唐卡艺术和他的手艺传承。娘本的从艺，可以说是近代热贡唐卡极具代表性的艺人从艺模式，从拜师到出徒，再到收徒传艺，整个地为我们勾勒出了一条由近代到当代的热贡唐卡艺术的发展脉络。其中的继承与创新，传统与当代这些看似矛盾的词语，都能够在他的手艺传承中合理地融汇到一起。当我们翻看历史时，也能够找到诸多可以对应的解读。我国的手工艺术文化容纳众多，而一个显著特点则是延绵不断，其中无不显现着继承传统与开拓创新的手艺智慧。另一方面，吸收与融合，也是唐卡艺术所蕴含的深层文化特征之一，在每一个发展阶段，唐卡都能够在保持自身本质价值的同时，通过吸收其他文化的审美元素、文化观念而使自己富于发展的活力。

再看娘本的手艺传承，也体现了我国手艺行业中师带徒的优良传统制度，这种师徒制是在以家庭为基础的作业模式中逐渐形成的，师傅与弟子以手艺为纽带，最终形成了亲如父子的情感维系。手艺人对手艺的尊重、对师傅的敬重，使手艺无论经历何种起落，总能够保持生命力，能够一直存活下来。在每次谈到师傅夏吾才让时，娘本总会眼眶湿润地回忆着、复述着师傅的一言一语，当娘本的弟子们谈到老师时，也会以师傅的行为准则来要求自己，并认为师傅的手艺是最好的，是自己一生所要追求的目标。工艺方面，手艺人就地取材，量材为用，在朴素的口诀当中，承载着一道道严格的手艺工序和技艺流程。但正是这朴素的艺诀艺理，一次又一次地展现出民间艺术的特色和民间的工艺智慧。

最后，在书稿的结尾，我首先要感谢潘鲁生先生，是先生对民间艺术无限的热爱，才有这套丛书的面世，先生的学识和对待民间艺术的真诚，是我追求的目标。然后要感谢董占军先生，是他多次对书稿的编写提出了具体的建议，才能有本书至今的面貌。还要感谢张传寿、李炎、陈义磊同志，他们默默无闻的工作，为本书的完成提供了具体的支持和帮助，在此深表谢意！